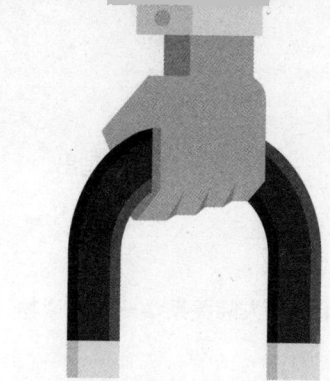

世界没有陌生人

认识比自己优秀的人并和他们成为朋友

洪洁 著

图书在版编目（CIP）数据

世界没有陌生人 / 洪洁著. -- 南昌：江西人民出版社，2018.4

ISBN 978-7-210-08495-2

Ⅰ. ①世… Ⅱ. ①洪… Ⅲ. ①人际关系学－通俗读物 Ⅳ. ①C912.11-49

中国版本图书馆CIP数据核字（2018）第051704号

世界没有陌生人

洪洁 / 著

责任编辑 / 辛康南

出版发行 / 江西人民出版社

印刷 / 保定市西城胶印有限公司

版次 / 2018年4月第1版

2018年4月第1次印刷

880毫米×1280毫米　1/32　7印张

字数 / 140千字

ISBN 978-7-210-08495-2

定价 / 29.00元

赣版权登字-01-2018-211

版权所有　侵权必究

如有质量问题，请寄回印厂调换。联系电话：010-64926437

前言
Preface

世界没有陌生人，只有期待与你见面的朋友

有一次，我和先生开车去拜访一个客户。当时正是上班高峰，路上的车特别多，不可避免地，我们遭遇了堵车，而且是非常堵车，超出了我们提前预留的堵车时间。眼看着离会面的时间越来越近，又怕第一次跟客户见面给对方留下不好的印象，我俩急得像热锅上的蚂蚁。

先生一向开车很稳，很少有交通事故。可是，偏偏就在这节骨眼上，停车再启动后一不小心跟前面的车追了一下。

于是，我们赶忙停车。对方的车也停下来，司机也下来了，是一个和先生差不多年纪的人。先生马上跟对方说，对不

起，是我的全责，您看我们拍一下照，走保险吧。

对方，看了看自己的车，只是轻微刮蹭，问题不大，说："不用了，别那么麻烦了，我看了下，问题也不大，等我自己修理吧，我今天赶时间。"

先生一听，赶忙说："好的，那我们互留一下名片吧，这样方便以后再联系。"随后，双方彼此交换了名片。

随后，正在先生看对方名片的时候，发现这人便是我们要见的客户。对方也发现了，彼此是互相要见的人。随即，两人哈哈哈大笑起来。

是不是有些吃惊，世界怎么这么小？事情怎么这么巧？没错，世界就是这么小，而事情就不是这么巧了，因为，这个世界上根本没有陌生人，说陌生是因为我们还没有认识他，也就是说，陌生人只不过是我们一个潜在的朋友。

今天，我们的生活、工作、娱乐乃至所有的一切，都受到从未谋面的陌生人的影响甚至支配；我们吃下陌生人加工的食品，为身体提供能量；我们在互联网上冲浪，搜索着陌生人传播的信息。我们身处的世界，正越来越从传统熟人社会走向"陌生人社会"，家庭的小型化，信息时代的到来，使得社会交往日渐扩大，让我们的生活和陌生人产生着千丝万缕的联系。

一个人要想成功，就要拓展自己人际交往的宽度，扩大自己的视野和圈子，即拓展自己的人脉，给自己的生命注入更多养分。一些成功人士说，在一些人生转折点上，给你带来机缘和帮助的常常并不是你的老熟人，而是结识不久的新朋友。这并不奇怪。

我们与熟人的交集早已确定，很难超越固有的生活轨道。而我们与陌生人来自两个不同的空间，交集越少，差别越大，这样就更容易碰撞出更多的机会与火花。因此，他们是我们宝贵的财富和资源。

本书《世界没有陌生人》主要从如何搭讪陌生人，如何快速地了解、认识陌生人，如何与对方成为好朋友变成自己人，刷新你的朋友圈，让你的人际关系网越来越大，工作生活事业越来越顺。

目录 Contents

第一章 移动互联时代，世界没有陌生人

微信、微博、QQ，连接陌生人的世界 / 003

网络公益众筹，陌生人的温暖 / 008

从陌生人那儿借钱成为现实 / 013

共享经济，让陌生人不再陌生 / 017

第二章 三分钟，与陌生人实现零距离接触

让对方感觉到你的诚意 / 023

见人三分笑，微笑常挂在脸上 / 027

从细节上观察陌生人 / 032

初次见面，要学会套近乎 / 037

用握手将热情传给对方 / 040

适时递上自己的名片 / 045

第三章　了解陌生人，辨别陌生人

细微处必善体察人心 / 053

谈话内容透露人心 / 056

通过交谈方式察人心 / 060

行为习惯察人心 / 062

通过眼神洞察人心 / 065

第四章　形象，接触陌生人的第一张名片

一秒定乾坤，第一印象不容忽视 / 071

六步打造良好第一印象 / 075

打造良好外形的基本要求 / 078

良好的形象需要仪态来增色 / 082

良好的专业形象提高个人价值 / 094

想要当副总就要有副总的形象 / 097

第五章　与陌生人交往要有礼，礼多人不怪

"请"字当先好办事 / 103

与人见面有礼有节 / 105

仪表也是一种礼貌 / 108

"粗俗"不是"豪爽" / 111

小关心大温暖 / 115

　　　　　记住对方的名字 / 118
　　　　　以友善争取信任 / 122

第六章　套近乎，把陌生人变成自己人

　　　　　没话找话，吸引对方的注意力 / 131
　　　　　多说"我们"缩短彼此间距离 / 135
　　　　　获得对方好感的说话技巧 / 137
　　　　　场面话，会说更要会听 / 142
　　　　　敢于张口，善于言辞 / 146
　　　　　学会让眼睛来说话 / 149
　　　　　投其所好，攻心为上 / 151

第七章　制造心动，瞬间打动陌生人的心

　　　　　顺情说好话，耿直讨人嫌 / 157
　　　　　背后说好话，远比当面恭维好 / 160
　　　　　把握尺度，赞美如煲汤讲火候 / 162
　　　　　多替对方着想，感动他的催泪剂 / 166
　　　　　略施小惠能赢得对方好感 / 170
　　　　　得到陌生人的肯定和认同 / 173

第八章　销售就是要不断搞定陌生人

要学会开发陌生人的市场　/　177

主动上前和陌生人说话　/　179

用肢体语言撞开陌生人的心门　/　182

找准共同点，和陌生人聊不停　/　187

让陌生人在你面前敞开心扉　/　192

为他人助上一臂之力　/　198

以情暖人，真诚打动对方　/　200

满足对方的心理需求　/　202

陌生人和你有共同利益　/　207

后记　/　211

第一章
移动互联时代，世界没有陌生人

现在的人都离不开手机，其实，事实上是离不开互联网，互联网让我们人与人之间，不再陌生，两个相隔几千里甚至几万里的人都能通过互联网相互熟悉，成为好朋友。现代社会也有很多情侣是通过网络认识的，最后走进了幸福的婚姻殿堂。如果你想要认识一个人，不管他在世界的哪个角落，你只需要通过互联网加上他的社交账号，就可以了解他。现在的社交工具也越来越多，像微博、微信、QQ等，都能轻而易举地了解别人。

　　互联网让世界变小，也让世界没有陌生人。

微信、微博、QQ，连接陌生人的世界

社会在不断的发展和进步，我们的生活慢慢地离不开互联网，互联网对我们生活的作用也是显而易见的。互联网就像快车，让我们人与人之间的距离缩短了。我们人人都可以做到"秀才不出门，全知天下事"。

我们都知道，现代社会，每个人都很忙碌，认识陌生人的机会少了。而在没有互联网的时候，我们从开始上学离开父母就开始接触陌生人，这些人在长时间的相处下会成为你的好朋友，陪伴你一生的人。这些人都是通过现实接触而变得亲密无间的。但，现代社会竞争激烈，每个人都在努力学习，努力工作，拼命往上爬，对于身边的人接触就少了。如果没有像微信、微博、QQ这样的方便交流的工具，我们就有可能成为孤家寡人。每当我们停下来休息的时候，不管我们身边有没有人，

我们就能通过微信朋友圈、微博、QQ空间等得知这个人最近在干什么，并能够通过这些工具联系他们，这是增进友谊、感情的一种好办法。

以前没有互联网的时候，我们都会通过朋友聚会这样的方式来认识，在这样的情况下，刚开始的时候，你可能会感觉对方和你不是同道中人。但事实上你们爱好相同，可以聊很多，但由于你自己的偏见错过了一位好朋友。有时候，你看见了一个看上去能和你聊得来的人，于是你开始跟他聊天，后来才发现两个人没什么可说的，这个时候你走也不对，不走也不对，会处于尴尬的境地。在网络上，就不会这样，比如说，你通过微信认识了一位新朋友，你看不见对方长什么样，但这个时候你不忙，他刚好也不忙，你们相聊甚欢，之后成为了无话不说的好朋友，甚至是恋人。如果你觉得和对方没什么可说的，就可以不说话，也不会觉得尴尬。

自从有了微信、微博、QQ等社交网络以来，就出来了一个词语：网恋。不管两个陌生人相隔多远，都可以通过网络变成恋人。

周莹快要结婚了，她和她的男友就是通过QQ认识的。那天她刚下班回到家，也没什么事，就上网玩，而她的男朋友那边正在下大雨,他没有带伞,被困在了办公室,于是他们两个就开始聊天,通过聊天,周莹发现这个男孩子说话很风趣,是一个很幽默的人,但不是油嘴滑舌的那种,感觉人也很老实,这一次聊天两个人相谈甚欢。

之后,两个人就好像每天约定好了似的,在一个固定的时间聊天,是他等她,也是她等他。两个人通过网络慢慢了解了彼此,两个人虽然不在同一个城市,但他们从陌生人慢慢变成了有默契的人。有时候周莹没说话,他就能猜到周莹怎么回复。

周莹每天上班的时候,最开心的事就是刚打开电脑,就能看到他的信息,每天晚上回到家,她都会很高兴地回复他的信息,这是她的幸福时刻,两个人也都知道这是在网恋,但并没有说出口。

直到有一天,公司让周莹去另一个城市学习,他们不能经常网上交流了,于是就交换了电话,在外地他们不停地打电话,有一天,他们想见面,因为两个人的家乡城市距离不是很远,于是就决定在周莹回家的时候,家乡的车站见,当时周莹坐车的时候发现自己的手机没电了,周莹这个时候才想起来,忘记告诉对方几点到站了,只说了早上,然而,当她到站的时候一出来,就看到了他,他在车站等了整整三个小时,当时可是冬天,还有很大的风。其实周莹出站的时候,他们约定的地方有很多人接站,但周莹的直觉告诉她,这个人在等自己。

之后,经过现实的接触,周莹发现这个人不错,两个人就在一起了。过了一段时间,双方的父母也都见了面,都表示很满意,于是周莹就开始准备结婚了。

微信、微博、QQ等工具能让我们认识更多的人,增大自己的社交范围。社会信息开放和活跃程度的标志之一就是"没有陌生人的世界",这种网上沟通的方式也不会阻挡人与人之间的相互碰撞,让他们成为好朋友或者是恋人。

除此之外,当生命垂危之际,人们还可以通过网络向陌生人求救,一个生命可能会得到新生;感到压力大的时候,可以和网上的陌生人说说话,对方有可能成为你的好朋友;有一些很内向的人也可以通过网络说出自己的心里话,交到好朋友;当你想许久未见的好朋友的时候,可以通过微信、微博、QQ等看看他最近在干什么。网络让人与人之间的距离缩小了,关系更亲密了。

在网络上,"天涯若比邻"不再是梦想,人们可以选择和各国的人民交往,可以通过他们学习语言,还能交到更多的朋友，获得更多的帮助和建议，开阔自己的视野。网络上的相互沟通可以快速地获取信息，有利于对陌生人加快了解。打开网页就好像和世界在交流。在网络上，我们可以和陌生人随便联系，对方可能是医生、店员或者律师，不像过去一样，想咨询一下，还要去跑一趟。网络让人们的生活更加方便了，让人们更迅速地了解陌生人。它改变了我们的生活，在这个高科技的时代，我们也不能没有网络，它让我们更快地了解世界。

网络公益众筹,陌生人的温暖

最近几年,随着互联网的发展,出现了一种新的融资方式——众筹,并且这种方式慢慢地从商业领域进入了公益领域。公益众筹虽然并没有股权众筹那么吸引人,但也有不少爱心人士关注。公益众筹包括环境保护、爱心扶贫等项目。还有的开设了公益类专栏。在国内也有很多与互联网相结合的众筹被人们看好,比如说淘宝众筹和腾讯公益等都开设了公益众筹平台。

有一天,一位叫吴清的上海人闲来无事看朋友圈,她无意中看到了杜呷寺和这些孩子们的故事,故事大概是这样:在青藏高原,有一座叫"杜呷寺"的寺院,它静静地在那里经历了很多苦难,它一直追求智慧、关怀,有着自己的信仰。但,寺庙里面的生活平淡而又贫苦,寺里面有一群孩子,这些孩子都是被收养来的，他们有的家中贫寒，养不起孩子，有的失去了自己的亲人，没有任何依靠。杜呷寺承担起来了这100多名孩子的衣食住行，还教给他们知识。杜呷寺默默无闻地做了这些事情，静静地在风雨中守候。满怀爱心的吴清看到了这些内容后，就开始联系杜呷寺以及各种各样的慈善组织，她想通过个人的捐助帮助他们。

2014年初，她亲自去了一次杜呷寺，她看到了孩子们的生活异常艰苦，心里觉得这些孩子们迫切地需要帮助，这让她坚定了做公益的决心。

2014年8月18日，吴清的团队和众筹网络平台合作，《让爱支撑杜呷寺孩子们的生活》公益众筹项目上线了，它承载着很多人的心血和希望。短短13天该项目就筹到了40000多元，这已经达到了预期中的目标。

之后，吴清的团队制作出了《雪域的孩子》纪录片，在社交媒体上进行宣传，他们无时无刻不在跟进项目，播报真实的情况。一直到结束，这个项目一共有179位好心人士捐助了50000多元，吴清和她的朋友们为了表达谢意，一个一个地拨通了对方的电话，之后她又在微博和微信发布了《致公益众筹支持者的感谢信》。

公益众筹是用互联网筹集善款。和传统的公益融资差不多，而公益众筹更加开放。只要网友觉得这个项目值得捐助，就可以通过网络捐助。这些人都只是由于爱心捐助，对于孩子们来说，这些人都是陌生人，陌生人的爱给了这些孩子们希望和温暖。

网络公益众筹是慈善的另一扇窗户，慈善是强求不来的，因为爱所以自愿参与；慈善不再是沉重的，它可以变得很轻松；慈善一个人是不可能完成的，要有公益组织。我们每一个人的爱都是有限的，不过我们可以借助互联网的帮助，让爱心之河源远流长，虽然对于被帮助人捐款人是陌生人，而这些捐款人就是用陌生人的爱温暖对方的心。

最近，不少人的朋友圈被公益刷屏，像"保护长城""一元营养包计划"等。有数据表明，2017年9月7日到9日这几天腾讯公益平台一共有1268万人捐款，一共捐出了8.299亿元，一共参与了6466个公益项目。线下被捐助者和捐助者是陌生人，线上捐助者的爱心汇聚成了一股暖流温暖了被捐助者的心。

当公益遇到互联网，这不仅仅改变了人们的捐款方式，也形成了一个自发的公益组织群体。不管是帮助盲人，还是救助小动物，公益项目在朋友圈、微信群刷屏，这让慈善不再是严肃的命题，人人都能轻而易举地参与，用一颗陌生人的心，去温暖另一颗陌生人的心。这样的方式，也让爱心表达得更有趣。据不完全统计，从2016年慈善法实施以来，有10亿人次通过互联网进行捐助；在一些基金会，互联网的捐赠已经占了总捐赠的80%。

有一篇微信文章叫《（请为她捐10元）来自广东潮州白血病小女孩的求助信》，这是一位白血病女孩的父母用微信向网友们发起的公益众筹。这位女孩的妈妈说，刚开始的时候就是在自己的朋友圈转发一下，主要是得到朋友的帮助，但这范围很小，筹集的资金也有限。后来他们找到慈善机构，证明了自己的求助内容是真实的之后，就利用微信朋友圈求助于社会各界人士。她还说，她是看到其他人用这样的方式求助，才想到这样的求助方式的。他们筹集的方法就是在求助信后面放上女孩父亲的微信二维码。热心的网友可以通过扫描二维码进行捐款，帮助他们。让他们感到意外的是，发出之后，没过多久就筹到了14万多元的善款。

这可以看出，微信众筹的好处是影响力大、传播快，通过朋友圈可以让社会各界好心人看到。二维码可以省掉添加银行卡和支付宝等手续，这样的方式更方便人们进行捐助，贡献出自己的一份力量。

社会公益的空间被互联网的普及和民间慈善意识的涌动一起扩展了。网络使用的人群在快速的增长，能够让小额捐助众筹成巨额善款；移动支付的普及让手指滑动一下就能完成捐助；互联网的开放和扁平化让信息的不对称减少了，也提高了捐赠信任度。网络公益众筹也让陌生人不再陌生，这是一种爱的传递，如果世界上充满爱，人们都怀着感恩的心去生活，那么这个世界就没有陌生人，只有还没有认识的朋友。

从陌生人那儿借钱成为现实

有一位心理学家说:"很多人都觉得借钱是一件伤感情的事情,我现在急着需要钱,朋友事实上也很有钱,为什么就不能借给我?我觉得现代社会的交往深度比以前浅了很多,现代社会越来越电子化、快餐化、工具化。

事实上,我们的社会财富很多,很多人手里也有很多钱,但是人与人之间的感情账户余额不多了,这个感情账户我们也没有什么时间存储了,共同体验式的情感更少了。因此,借钱就会比较难了。"

每当向别人伸手借钱的时候,借钱人都会十分难为情,可能会感觉到自己的自尊心受到了打击,虽然自己放下自尊去借钱,但后果有可能被拒绝;另一方面,被借钱的人也处在了一种煎熬的境地,现在朋友有困难,你是借给他钱还是不借呢?

如果不借给他钱会失去这个朋友，但是借给他钱，有可能朋友和钱都没有了。

以上可以看出向自己的朋友借钱是多么的困难，更不用说向陌生人借钱了。现在互联网行业发展很快，涉及的行业也很多，也开始让借钱不再那么困难。

向陌生人借钱也不再是梦想。比如说，一个叫"哈哈贷网"的软件，就能让你很轻松地向陌生人借钱。互联网金融的发展，带给我们的是新的金融业态，这让小型企业融资不再是困难。借助互联网的帮助，让陌生人之间借钱，就像是商品买卖一样。

自从支付宝有了"借呗"这一贷款服务之后，用过这个服务的朋友都会发现一个事实：借钱并不是那么难了，是一件很简单的事情，只要支付一定的贷款利息，快速借到1万块轻而易举。

现在的年轻人刚刚走上工作岗位，工作也正在起始阶段，作为一名职场新人和暂时的低收入的人，收入有可能跟不上消费，有时候手里工资还没捂热，钱包就空了。有一项调查称，800万网上借款人之中，有6成是九零后，如此看来，现在的年轻人越来越愿意在互联网上向陌生人借钱。

向陌生人借钱，不用担心被嘲笑，能够保证自己的生活质量，在急需用钱的时候，也不用求人，互联网让借钱不再那么困难，让向陌生人借钱不再是妄想。

上海人朱先生最近结婚，需要买房、买车，可是手里还差几万块，想向朋友借吧，又害怕不仅借不到钱，还会失去自己的朋友，自己也害怕丢人，于是就在一家网贷平台上挂出了自己的借款信息，没过多久，一位小企业家看到了这个信息，就联系了他，并且通过网络平台把钱借给了朱先生，这才让朱先生解了燃眉之急。

这是网联网金融推出的一个新办法：民间撮合借贷，也就是利用互联，把所有放款人都集中起来，借款人发布信息，放款人自愿选择借不借。

不过，利息也会根据央行对民间借贷的规定，不能超过银行利率的4倍这条线。

为了让资金安全，网贷公司会对朱先生进行详细的入户调查，并且根据朱先生的个人财产、工作收入等评估出来他能贷款的金额，这些信息也都会在网上显示，如果还款记录良好，以后借贷的金额也会提高。

网贷平台还会把借贷资金的一部分当成是风险拨备，如果放款人有了损失,那么拨备金就能够进行先赔付,而追债是由网贷平台的担保公司负责。

在互联网上,虽然陌生人之间的借贷有一定的风险,但是收益高,这吸引了很多有闲散资金的人,这就方便了需要借款的人。

共享经济,让陌生人不再陌生

住进陌生人的家、搭陌生人的车、用陌生人的雨伞、看陌生人看过的书、将宠物寄养给陌生人……这些曾经不可思议的事情,正变成一种时尚、一种流行、一种新的商业趋势,这种现象被经济学界称之为"共享经济"。

共享经济是指将你闲置的物品、时间、知识、技能等,只要有盈余就可以共享给别人。举一个最简单的例子,今天下雨了,与你在一个楼上班的一个陌生人没有带伞,而你刚好有两把伞。所以,她向你借走了你的雨伞,并大方地请你喝了一杯咖啡。

其实,这就是最简单的共享经济的故事。所以共享经济就是你能够用你闲置的物品,获取利益,同时还和别人成为了好朋友。

共享经济大多数是发生在陌生人之间，但这不等同于约炮，请不要误解。

现代人生活在冰冷的钢筋混凝土的城市建筑群中，上下楼虽有邻居，但在大部分人看来，这种看得见的邻居还不如网络世界里的人更亲切。共享经济时代也是另外一种认识陌生人的方式。

一个在中关村上班的朋友，他有一辆车，他原来每天都会一个人开车上下班，后来他发现顺风车、专车很火，他就想着，反正也是闲着啊，反正平时也是自己开车去上班，车上的座位也是空着呢，干嘛不赚点油儿钱呢？于是他就下了软件，成为了一名"司机师傅"。

现在每天他上下班都会看看有没有要搭顺风车的，顺便自己也赚点外快。轮到自己车限行的时候，他就打开软件作为一名乘客去搭别人的车，他觉得这样也挺方便。

有一次他加班很晚，下班的时候刚好也有一个人跟他一样也是这么晚下班，预订了他的顺风车。坐他车的是一个中年男子。那天他上了一天班了，又赶上加班，回家很晚也挺累，没有主动说话。那个男子便主动跟他聊天，两人聊了一路，后来竟发现两人有很多相同的兴趣爱好，更让人没想到的是两人曾经都在一家公司上过班，只不过是一个刚来，一个刚走。此后，两人便互相加微信，成了很要好的朋友。

这是一个很普通的故事，却反映着我们当下很多人的生活状态，也是我们很多人认识了解陌生人的一个方式。

共享经济打破了人与人之间的边界，也帮我们打开了新世界的大门，它不仅改变了人们的生活方式，甚至还有可能影响到人与人的关系。我们也前所未有地开始信任陌生人。电脑和智能手机成了人的延伸，越过障碍连接在一起。陌生人在虚拟空间形成社交网络，分享自己的故事和想法，回复和点评别人的发言。久而久之，在你来我往的过程中，陌生人之间的信任就达成了。所以说，这也开启了我们人与人之间的相处，让陌生人不再陌生。

第二章

三分钟，与陌生人实现零距离接触

人第一次见到其他人，第一印象是在三分钟内决定的。很多成功人士都有一个技能，在你见到他之后，就算是跟他握手你也会感到很温暖。那么怎么能像这些成功人士一样让人在三分钟内对你有好感，消除你们之间的距离感呢？那么这一章将告诉你答案。

让对方感觉到你的诚意

结交陌生人时,做一些了解是必不可少的,耳听眼看,根据了解的情况决定可以接近的对象,同时要有相应的表情和行动,让对方感觉到你交友的愿望,从而相信你的诚意。

李小琳从学校毕业后找了个工作——推销保险,不知道是不是因为新手的缘故还是她还没有掌握推销的方法,反正一个月过去了,她一张单子也没签过。

看着李小琳整天无精打采的样子,她的好姐妹玲玲决定帮她一下。于是玲玲就叫上李小琳和自己的几个朋友一块去KTV唱歌,并顺便把这几个朋友介绍给李小琳。

到了KTV后,还没等玲玲说话,李小琳就说:"你明知道我五音不全唱歌会跑调,干嘛还拉我到这里啊?""玩玩嘛,我看你这几天挺闷的,介绍几个朋友给你认识。"

李小琳很不情愿，但碍于朋友的面子，就随便地跟那几个人打了招呼。

在别人唱歌的时候，李小琳一直坐在沙发上喝水。

从KTV出来后，玲玲还想再到别的地方玩一会，但是她那几个朋友却纷纷借口走开了。

人都是有感觉的，李小琳的行为态度已经把她的"不情愿"写在了脸上，谁还看不出来？而且每个人都是有自尊的，谁愿意拿自己的热脸去贴别人的冷屁股呢？

在一些社交场合，我们常常可能看到两个人在亲切交谈的情景，双方脸上洋溢着笑容，俨然一对久未谋面的老朋友。但是一上去打听，才知道他们不过是刚刚认识才几分钟。为什么陌生人见面才几分钟就交上朋友了呢？看看他们是怎么做的，你就明白为什么了。

在宽敞的大厅里，人们三三两两地聚在一起，有的仔细品味着杯中的美酒，有的在小声地跟同伴说话。这时，一位穿着得体服装的先生走了进来，他微微笑着，向每一个人点头致意。当他看到大厅的一角有个高个子的人正与同伴愉快地交谈时，他仔细地打量了一下那几个人，然后轻轻地走到那几个人的身边，当听到他们交谈的内容时，这位先生眼睛亮了一下，脸上显出很兴奋的样子，冲着几位礼貌地点头致意。而那个高个子的人显然也注意到了这位先生，马上站直了身体，眼睛注视着这位先生。这位先生向高个子的人伸出了手，同时嘴里说着"您好……"随着两只大手握在一起，一段愉快的交谈开始了。

许多人在同老朋友交谈时感到自然协调，而面对陌生人时却显得很拘谨，为什么呢？很简单，因为老朋友都相互了解，彼此之间没有距离。而对陌生人却一无所知，特别是进入了充满陌生人的群体，有些人甚至怀有不自在和恐惧的心理。因此，如果你想把陌生人变成老朋友，首先要在心目中建立一种乐于与人交朋友的愿望，心里有这种要求，你才能有这样的表情，才能有这样的行动。

上面那位先生开始时注意到了高个子的人，观察了一下之后心里有初步的判断，于是向他们走去。然后又倾听了他们的谈话，了解到他们的话题，这样脸上才有了兴奋的表情，才有结交那几个人的行动。显然，这位先生的表情和行动已经感染了那位高个子的人，引起了他的注意，因此，双方的交谈就是很自然的事了。

那么，面对一个很想认识的陌生人，你需要怎么做呢？那就是：开放的肢体语言，你要微笑，打招乎，握手，眼神接触，点头示意。总之，要让对方觉得，你是一个想与他交谈的人；并且是一个很友好，善良的人。

结交陌生人一定要克服恐惧、腼腆等心理，抛弃思想包袱，做超脱的一代，做一个洒脱的人。

见人三分笑,微笑常挂在脸上

一位诗人说:"我最喜欢的一朵花是开在别人脸上的。"

微笑就是盛开在人们脸上的花朵,微笑是升起在人们心中的太阳,是一个人能够献给渴望爱的人们的高贵礼物。当你把这种礼物奉献给别人的时候,你就能赢得友谊,还可以赢得财富。

西班牙内战时,一军官被俘。在即将被处死的前夜,他掏出仅有的半截香烟,想吸上几口缓解临死前的恐惧,却没有火。在他再三请求之下,看守总算毫无表情地掏出火柴,划着火。当四目相对时,军官不由得向士兵送上了一丝微笑。令人惊奇的是,那士兵在几秒钟的发愣后,嘴角也不太自然地向上翘了,最后竟也露出了微笑。后来两人开始交谈,谈到了各自的故乡,各自的妻子……最后,那士兵竟然动了感情,并悄悄放了他。

西方一位心理学家做过微笑训练的实验,要求参加者每天坚持对人微笑。一个月后,有人感激地说:"我每天坚持这样做。刚开始时,大家感到惊讶,后来习惯了。这个月我在家庭中得到的快乐,比过去一年中得到的还多。现在我已养成习惯,而且我发现人人对我微笑,以前对我冷若冰霜的人现在也显得热情起来了。"

你瞧,多么奇妙的笑啊!它可以沟通心灵,融洽关系,能驱走阴冷,使你的生活充满阳光。

小梅一家住了十几年的平房,今年夏天终于要搬到高楼里住了。"去看看新家!"尽管那是座旧楼,小梅仍然掩饰不住心中的美意。一脚踏进闷热的电梯间,小梅的高兴劲儿减少了一半:

一张伤痕累累的桌子将电梯间一分为二,桌子后的高椅子上坐着一位40多岁的冷面电梯员。看着那张冷脸,小梅另一半的高兴劲儿也消失无踪,顿时感到气温似乎在零下。

"几层?"电梯员冷冷地问。

"9层,"小梅想缓和一下气氛,赶紧利用平时人际关系的功底露出一个微笑,"阿姨,您的工作挺辛苦的,这么热的电梯间。"

"可不是吗？"电梯员冰冷的脸开始融化，"这么小的地儿，就这么个小电扇，一坐就是6小时……姑娘，9层已经到了。"电梯员竟然也微笑着提醒她。

小梅忽然发现自己的心情又好起来了，看来，一个微笑再加上一声问候就像一股暖流，瞬间就可以沟通人与人之间陌生的心灵。

后来乘电梯时，小梅和开电梯的师傅聊得更多了，更亲切了。一天，小梅同几个装修工带着木料来到电梯前，一比划，木料放不进去。

"小梅，来，把我的桌子和椅子搬出去，你再把木料一斜，就能放进来了。"电梯阿姨看来很有经验，果然一切顺利。

木料运送如此之快，邻居禁不住问小梅："你们是怎么把木料运上来的？"

"电梯呀。""啊？我们同样的木料，电梯员说：'这个太长了，电梯里放不下，你们走楼梯！'9层啊，我们一层层地扛上来的！"

小梅心里知道这是怎么回事，一张冰冷的脸需要用微笑和温暖的问候来融化。

从此以后，小梅在单位见人就微笑，打招呼、问候，小梅的人缘也就越来越好，用一句时髦的话说是"人气急升"，而这一切都归功于微笑。

现在的社会，竞争愈来愈激烈，生活节奏越来越快，人们只顾着忙乎自己的事，已经很少关心别人了。这种情况下，人们的内心深处更需要别人的理解和关怀，此时，给他们一声问候和一点关心，满足了他们情感上的需求，他们就会用热情来回报你。

为什么小小的微笑在人际交往中有如此大的威力？原因就在于这微笑背后传达的信息是："你很受欢迎，我喜欢你，你使我快乐，我很高兴见到你。"请问，谁不喜欢这样的信息？

对我们每一个人来说，微笑轻而易举，却能照亮所有看到它的人，像穿过乌云的太阳，带给人们温暖。让我们微笑吧，微笑着面对生活，面对周围的人。

每天早晨上班前对你的家人微笑，她们就会在幸福中盼着你的归来；上班时向门卫微笑着点个头，他会友善地还你一个欣赏和尊敬的微笑。

每天遇到同事主动微笑，打个招呼，你也会人气急升。

开车并线时,摇下车窗,向后面司机点个头,微笑一下,还有人会不让你吗?

餐厅里吃饭时,服务小姐倒完茶后,微笑着对她说声:"谢谢你,茶倒得真好。"尽管那是她应该做的工作,可是,她会觉得你的微笑和问候是额外的奖赏。

当你每一次奉献出微笑的时候,你就在人类幸福的总量中增加了一分,而这微笑的光芒也会回照到你的脸上,给你带来方便、快乐和美好的回忆,何乐而不为呢?

从细节上观察陌生人

很多人在和陌生人交往时往往很怵。第一次见面时,如何和对方拉近距离?如何找到对方喜爱的话题?如何让对方愿意开口?这些问题是很多人都关心的。要想解决这些问题,就必须学会从细节上观察陌生人。

想与一个陌生人结交,细心的观察更是必不可少。很多人在陌生人面前碰了钉子或者无所作为,很多时候是因为对人的观察不够,从而了解就很单一,因此也就不懂得根据对方的一些信息来调整自己的语言和行为。不懂得观察也就不能读懂对方的心理,也就不会做出顺应对方的行为并争取对方的好感。相反,如果你细心观察,那么就会有助于你做出正确的判断,并且能够博得对方的好感,说不定还能因此获福受益呢。

汉武帝刘彻(前156年~前87年)是汉朝的第五个皇帝。7岁时被册立为太子，16岁登基，在位55年，建立了汉朝最辉煌的功业之一。他的雄才大略、文治武功使汉朝成为当时世界上最强大的国家，他也是中国历史上一位伟大的皇帝。这样一位出色的皇帝也必然有着不同于一般人的品貌。

且说在长安城外有一个小村庄，村庄里有一户人家，住着老两口，他们膝下无儿无女，靠几亩山地过着艰苦的日子。

有一天，太阳已经下山了，老两口吃完了饭准备熄灯休息，这时，忽听门外有人马的喧哗声，老头就出门看个究竟。这一看不要紧，差点没把老头的胆吓破。只见门外尘土飞扬，一群人骑在高头大马上，有的拿着棍棒，有的背着弓箭。老头料到来者不善，以为他们是盗匪，于是不敢怠慢，赶紧打躬施礼，叫老伴出来请那些人到屋里休息，小心翼翼地侍候着。

等到那些人歇下后，老头子跟老太婆商量，想去招呼集结其他后生小伙子来攻打这群"强人"。老太婆急忙止住老头子，说："我看那领头的人气度不凡，眉宇之间有种顶天立地、不为事势所屈服的气概。这不应该是普通人的容貌，根本不是一般盗贼所能比的。他们肯定不会加害我们，只要我们小心伺候就会没事的。"

其实，这帮人不是别人，正是汉武帝和他的一些大臣及护卫。因为汉武帝非常喜欢打猎，有时是群臣一块去，声势浩大，有时则是轻服便装，只带小队人马。这一次他只带了几个人出去打猎，因为天色已晚，所以在这个村子借宿。

虽然汉武帝就寝了，但他的护卫都没睡，老太婆的话被一个护卫听到了，他赶紧报告给汉武帝，说这个老太婆不简单，看出了一些问题，请示汉武帝是不是把这两个人抓起来或杀掉。汉武帝摆了摆手，照旧安息。

第二天早起，汉武帝一行人告辞了。一夜无事，老头子心中稍安。不过数日，朝廷下旨，不光给了两个老人很多赏赐，还封了老太婆一个官做。

真是多亏了老太婆的眼力独到，看出了这些人不是一般的人。如果像老头子那样把他们当成强盗，相信他们不光没有赏赐和封官，恐怕他们的性命都会有危险。由此可见，善于观察对一个人来说是多么重要。

很多人还有一个认识上的误区，认为观察别人、体察他人的心理是"琢磨人"，是件不光彩的事。这其实是一种托词，古今中外的很多伟人大都是观察别人、体察对方心理的行家。

至于如何观察，我们以到一个陌生人家去拜会为例：如果有条件，首先应当对拜会的客人做些了解，探知对方一些情况，关于他的兴趣、性格之类。

当你走进陌生人住所时，你可凭借你的观察力看看墙上挂的是什么：国画、摄影作品、乐器……都可以推断主人的兴趣所在，甚至室内某些物品都会牵引出一段故事。如果你把它当作一条线索，不就可以由浅入深地了解主人心灵的某个侧面吗？当你抓住一些线索后，就不难找到开场白。

如果你不是要见一个陌生人，而是参加一个充满陌生人的聚会，观察也是必不可少的。你不妨先坐一旁，耳听眼看，根据了解的情况，决定你可以接近的对象，一旦选定，不妨走上前去向他做自我介绍，特别对那些同你一样，在聚会中没有熟人的陌生者，你的主动是会受到欢迎的。

学会从细节上观察陌生人，最重要的就是要培养自己的观察力。观察力可以靠后天练习逐渐培养。

1. 学会回忆练习

这个方法很简单，也很方便。你可以在任何时候、任何地方练习。例如，当你走进一个房间之后，闭上眼睛，尽可能回想走进房间之前你看到了什么，愈详细愈好。比如，当你到了公司以后，你可以回忆在你上班的路上，乘坐地铁的时候你所看到的，尽量越详细越好。

2. 学会分析

这个就是根据你所观察到的事情进行分析。比如，当你看到这家门前停了一辆名牌车，那么你就可以分析，这辆名车是这家主人的呢，还是他人造访时开的？由此你还可以进一步推断，不管这辆名车是不是这家主人的，这家主人肯定认识有一定经济能力的人，至少能买得起名车的人。要坚持这种训练，当然你所做出的判断正确与否并不重要，重要的是训练自己做出合理的推断。

初次见面，要学会套近乎

初次见面，交际双方都希望尽快消除生疏感，缩短相互间的感情距离，建立融洽的关系，同时给对方一个良好的印象。那么，怎样才能通过交谈较好地做到这一点呢？

1.通过亲戚、老乡关系来拉近距离

由于亲戚、老乡这类较为亲密的关系会给人一种温馨的感觉，使交际双方易于建立信任感。特别是突然得知面前的陌生人与自己有某种关系，更有一种惊喜的感觉。故而，若得知与对方有这类关系，寒暄之后，不妨直接讲出，这样很容易拉近两人的距离，使人一见如故。现在许多大学里面，都存在一些老乡会、联谊会等组织，这些老乡会、联谊会就是通过老乡关系把同一地方的学生召集在一块，组织起来。同时也通过老乡会来相互帮助、联络感情、加强交流。从人的心理上来讲，每个人的潜意识中都有一种"排他性",对自己的或跟自己有关的事物往往不自觉地表现出更多的兴趣和热情,对与自己无关的则有一定的排斥。因而,在交谈中将这类关系点出,就使对方意识到两人其实很"近"。这样,无论对方地位在你之上或你之下,都能较好地形成坦诚相谈的气氛,打通初次见面由于生疏造成的心理上的"防线"。

2.以感谢的方式来加强感情

有一位同学在跟一个高年级学生接触时的头一句话就是:"开学时就是你帮我安置床铺的。""是吗?"那个高年级同学惊喜地说。接着两人的话题就打开了,气氛顿时也热乎了许多。那个高年级同学的确帮过我们许多人,不过开学初人多事杂,他也记不得了。而这个新来的同学则恰到好处地点出了这些,给对方很大的惊喜,也使两人的关系拉近了一层。一般说来,每个人都对自己无意识中给别人很大的帮助感到高兴,见面时若能不失时机地点出,无疑能引起对方的极大兴趣。因此,初次见到曾帮过自己的人时,不妨当面讲出,一方面向对方表示了谢意,另外无形中也加深了两人的感情。

3.从对方的外貌谈起

每个人都对自己的相貌或多或少地感兴趣,恰当地从外貌谈起就是一种很不错的交际方式。有个善于交际的朋友在认识一个不喜言谈的新朋友时，很巧妙地把话题引向这个新朋友的相貌上。"你太像我的一个表兄了，刚才差点把你当作他，你们俩都高个头，白净脸，有一种沉稳之气……穿的衣服也太像了，深蓝色的西服……我真有点分不出你们俩了。""真的？"这个新朋友闪着惊喜的眼神。当然，他们的话匣子都打开了。我们不得不佩服这个朋友谈话的灵活性。他把对方和自己表兄并提，无形中就缩短了两人之间的距离，接着在叙说两人相貌时，又巧妙地给对方以很大的赞扬，因而使这个不喜言谈的新朋友也动了心，愿意与其倾心交谈。

4.剖析对方的名字来引起对方的兴趣

名字不仅是一种代号，在很大程度上是一个人的象征。初次见面时能说出对方的名字已经不错了，若再对对方的名字进行恰当的剖析，就更上一层楼。譬如一个叫"建领"的朋友，你可以谐音地称道："高屋建瓴，顺江而下，攻无不克，战无不胜，可谓意味深远呀！"对一位叫"细生"的朋友，可随口吟出"随风潜入夜，润物细无声"，或者用一种算命者的口吻剖析其姓名，引出大富大贵、前途无量之类的话，这也未尝不可。总之，适当地围绕对方的姓名来称道对方，不失为一种好方法。

用握手将热情传给对方

握手，是人们在社交场合中司空见惯的礼仪。握手在日常生活中，是一种经常使用的礼节方式，不仅常用在人们见面和告辞时，更可作为一种祝贺、感谢或相互鼓励的表示。它看似简单，但却是与陌生人进行沟通、交流、增进关系的重要手段。

玛丽·凯化妆品公司创始人玛丽在当推销员时，有一次，销售经理召集他们开会。会议结束时，大家都希望同经理握握手。

玛丽也非常崇拜这位经理，但由于想跟经理握手的人太多了，玛丽排队等了3个小时，才轮到她与经理见面。

然而，让玛丽失望的是，经理在同她握手时，根本就没有正眼看玛丽一眼，只是去看她身后的队伍还有多长。玛丽看得出经理有一点累。可是，自己也等了3个小时，同样很累呀！自尊心受到了伤害的玛丽暗下决心：如果有那么一天有人排队等着同自己握手，自己将把注意力全都集中在对方身上——不管自己多累！

后来，玛丽成立了自己的公司，名气也逐渐大了。不过她多次站在队伍的尽头同数百人握手，常常持续好几个小时。无论多累，她总是牢记当年自己排那么长的队等候同那位销售经理握手时所受到的冷遇。如有可能，总设法同对方说点亲热话——也许只是一句，如"你的发型很漂亮"，或"你穿的衣服多时尚"。她在同每一个人握手时，总是全神贯注，不允许任何事情分散了自己的注意力。

这样握手，使数百人都觉得自己是世界上最重要的。她的公司就这样成为他们心中全世界最重要的公司。

一项新的研究再次支持了关于握手的一贯看法，即，一次有力的握手不论对男人或女人来说都有利于给别人留下深刻印象。研究人员发现，良好的初次印象确实与握手时的各种特点如力量、激情、持续时间、目光交汇和紧握程度等有实质性联系。

和说一百句话相比，用力握手一次，更能一口气拉近彼此的亲密度。它可以发挥缩短与对方相隔距离的最大效果。

正因为如此，国外政治家于选举期间会大量外出与选民握手。比起聆听冗长寻常的演说，选民通常会将神圣一票投给会和自己握过手的候选人。这种藉由亲肤关系的沟通方式，比起利用语言的沟通方式更具影响力。

握手不光是一种礼节。当两只不同的手碰在一起，手指稍弯，即握在一起，它会将感情声速地传递给对方。

有一年的圣诞前夜，在美国的一个珠宝店快打烊的时候，从外面进来了一个30多岁的男子，穿着一套起皱的西装，领带也没有系。他在珠宝店里转悠，一副心不在焉的样子。终于，他的目光定格在一条镶有七颗钻石的手链上，要求店员把手链拿给他看一看。店员是个姑娘，她迟疑了一下，还是按他的请求拿出了手链，递给他。

在观看了一会儿后，男子把手链还给了姑娘，忙着往外走。姑娘小心翼翼地将手链放回原处。突然，她看见手链上的钻石只剩下了六颗。她紧走了几步，在珠宝店门口追上了男子，伸出右手微笑着说："先生，祝您圣诞快乐！"

男子稍微迟疑了一下，也伸出了右手，握住了她的手，笑着说："谢谢！"说完，转身走出门外。这时姑娘感觉右手心多了个硬硬的小东西，一看竟然是那颗钻石。

故事到这里还没有结束。十年后的一个圣诞前夜，还是在这家珠宝店里，一位40多岁的富商握住了珠宝店女老板的手："谢谢你，是你给了我自尊，给了我生存的智慧！"这个富商，就是十年前的那个男子。而珠宝店女老板，就是当年的店员。

至此，我们应该明白，面对一个陌生人，当你热情地握住他的手的时候，你和他之间已经开始了一段激动人心的交往旅程。

不过，握手看似简单，但也要注意一些礼仪。首先，握手的姿势要优雅，上身应稍稍往前倾，两足立正，伸出右手，距离对方约一步；四指并拢，拇指张开。对对方太远或太近都是不雅观的，尤其不要将对方的手拉近自己的身体区域内，这很容易造成对方的误解。

握手时必须上下摆动三至七下，而不能左右摇动。当遇到比较熟悉的人或深交时，为达到某种情感的效果，可以伸出双手行握手礼。

其次，一般情况下，握手时要用右手，这是一项不成文的规定，伸左手显得不礼貌。

伸出的手应垂直，如果掌心向下握住对方的手，则显示一个人强烈的支配欲，这是无声地告诉别人，你此时处于高人一等的地位，应尽量避免这种傲慢无礼的握手方式；相反，掌心向上同他人握手，则显示一个人的谦卑与毕恭毕敬。

如果是伸出双手来接，就更是热情与恭敬的表现。平等而自然的握手姿态是两人的手掌都处于垂直状态，这是最普通，也是最常用的握手方式。

最后，初次见面握手时间不宜过长，以三秒钟为宜。切忌握住异性的手久久不松开，与同性握手的时间也不宜过长，以免对方欲罢不能。

握手时的力度要适当，可握得稍紧些，以示热情，但不可太用力。男士握女士的手应轻一些，不宜握满全手，只握其手指部位即可。

适时递上自己的名片

在今天这个规模社交的社会中,名片可是跟陌生人结交并保持联系的重要途径。当你已经跟一个陌生人微笑、点头致意、热情地握手后,递上自己精美的名片就是水到渠成的事了。名片像一个人的履历表,递送名片的同时,也是在告诉对方自己是谁、住在何处及如何联络。由此可知,名片是每个人最重要的书面介绍材料。

王志刚大学毕业,在一个小贸易公司做市场推广。有一次,他去参加一个宣传会,那个宣传会场面很大,有很多人,但是大家多数彼此不认识。

在王志刚刚坐下的时候,一个人过来了。微笑着点了一下头,然而掏出了自己的名片递给了王志刚,说是想认识一下并交换名片。

王志刚并不认识他，自然谈不上和他打招呼了，只是礼节性地把自己的名片跟他作了交换。之后，王志刚发现，那个人几乎每个人都交换了名片，而且很礼貌地表示："多联系。"

转了一圈之后，那个人又来到了王志刚面前，笑了笑说："您是不是觉得我的做法有点唐突？其实我是个新加坡人，来中国时间不长，需要了解更多的人，也需要更多的人了解我。作为一个商务人士，我必须适时地推销自己，而这样的场合，恰恰是最好的机会，因为这里的商务人士比较多，我想我这么做，肯定能让大家记得我。"

宣传会结束后，王志刚也认识了几个人，说起那个新加坡人的时候，大家都表示能记住这个人，而且印象特别好。这时另一个人说了一句话："他的名片在适合的地方、适合的时间发挥了最好的作用，因为大家没有反感地记住了他，其实他已经在悄然中把自己推销了出去。"

使用名片介绍自己的时候比较方便，尤其是职务；使用名片给人的印象深刻，不怕因工作忙、事务多而忘了对方，随时可以进行通信，还能起到不断介绍、推销自己的作用。

从这件事上，我们可以学到很多东西，名片在与陌生人的沟通中起着很大的作用；掌握交换名片的礼仪很重要。精美的名片使人印象深刻，但发送名片的时机与场合可是一门学问。

若想适时地发送名片，使对方接受并收到最好的效果，必须注意下列事项：

1. 名片的印制

为社交需要印制的名片，自己的职务不应自吹夸大，乱挂不实的头衔。名片的底色最好是白色，或者清淡一点的颜色为主，对于鲜艳的颜色，如红色、黑色或者彩色等深颜色会给人视觉疲劳的效果；最好是在自己的名片上印个图标来装饰名片，否则是登不了大雅之堂；为了突出名片上的某些内容，可以适当地予以配色，起到画龙点睛的作用；名片上最好不要印产品的图片，这样做给人的感觉是压抑，像街头散发的小广告；对于经常与外国人交往的名片最好印一个中文名片供国内客户交换使用，然后再印一个英文名片，供与外国人交换使用，一面英文，一面中文并不是很理想。

2. 名片的放置

名片应统一置于名片夹、公文包或上衣口袋之内，在办公室时还可放于名片架或办公桌内，切不可随便放在钱包、裤袋之内。放置名片的位置要固定。名片夹由于要长久使用，所以尽可能买个质地好的。

3.名片的交换

发送名片一般应选择初识之际或分别之时。不要在用餐、戏剧、跳舞之时发送名片。奉上名片时态度要谦恭。要起身站立主动走向对方，面含微笑，上体前倾15度左右，双手持握名片，举至胸前，并将名片正面面向对方，同时说声"这是我的名片，以后多联系（或请多关照）"等礼节性用语。千万不要用左手持握名片。

接受他人名片时，不论有多忙，包括端茶倒水都要暂时放下手中的事情，并起身站立相迎，面含微笑，双手接过名片。至少也要用右手，而不能使用左手接名片。接过名片后，先向对方致谢，然后至少要用半分钟的时间将其从头至尾默读一遍，遇有显示对方荣耀的职务、头衔时，不妨轻读出声，以示尊重和敬佩。如果对方的职务比较低微，则不要大声念出来。

接过别人的名片后切不可随意摆弄或扔在桌子上，也不要随便地塞在口袋里或丢在包里，而应将其谨慎地置于名片夹、公文包、办公桌或上衣口袋之内，还要与本人名片分开放置。

4.名片的索要

对于陌生人，想主动结识对方时，可以向对方索取名片。

第一是互换法。可在递上名片时表明此意:"可不可以与您交换一下名片?"第二是暗示法。例如,向尊长索要名片时可说:"请问今后如何向您请教?"向平辈或晚辈表达此意时可说:"请问今后怎样与您联系?"

养成经常翻看名片的习惯,工作的间隙,翻一下你的名片档案,给对方打一个问候的电话,发一个祝福的短信等,让对方感觉到你的存在和对他的关心与尊重。

第三章

了解陌生人，辨别陌生人

在生活中，我们总是遇到各种各样的陌生人，这些陌生人可能会成为你的朋友，你的恋人，那么怎么去判断这些人能不能成为你的朋友或者是恋人呢？那就要多观察、了解对方了。我们可以发现，当我们面对面接触一个人的时候，我们用眼睛看他的外表，看对方的眼神，看对方的谈吐等，就可以感受到这个人的气场，甚至能感受到这个人生命的过往。

细微处必善体察人心

在我们生活的这个世界上,无论哪行哪业,只要存在着人与人之间的交往,就离不开对人的心理的体察。政治家往往是揣摩心理的高手,而商人为了得到顾客的欢心则更是绞尽脑汁。即使是我们普通人,大到为了成就一番事业,小到为了防止吃亏上当,也都要对人类心理的基本规律有一个基本的掌握。

然而,人类的心理是一个非常精细微妙而又复杂多变的东西。说它精细微妙,是指它深藏于人的内心之中、潜伏于各种假象之下,变化细微而令人难以察觉。而且,在许多时候,某种心理感受不仅外人难以把握得住,就连自己可能也不很明白。比如说对人的第一印象,其实它完全是凭借一个人的主观感觉产生的,没有人能说得清为什么在对对方的情况缺乏任何了解的情况下就会产生某种好感或恶感。但是，第一印象在人际交往中却往往具有至关重要的作用，有时甚至能决定人的命运。此外，人的心理又是复杂多变的，即它始终是处于一种瞬息万变的状态，并且，其变化的原因及作用机制很难被我们清楚地掌握。

很多人之所以在社交中吃亏上当或者无所作为，很多时候是因为对人的心理的理解是比较单一的，他们看不到人在不同的环境之下可能会有不同的心理表现，产生不同的心理感受，他们往往把复杂的、多样化的心理活动简单化、单一化，用同一种方式去应对不同的情况和不同的人，不懂得根据对方的心理变化来调整自己的语言和行动。由于他们不懂得顺应对方的心理、争取对方的好感，因此就不能够利用对方的心理、获得对方的支持。这种以不变应万变的心态，就好像是要用一把钥匙打开所有的锁，事实上就连对门锁有着精深了解的神偷也做不到这一点。

很多人在心理上往往还有这样一个误区，即认为体察别人的心理变化是"琢磨人"，是一件不光彩的事情。这其实是一种托词，用以掩盖自己的懒惰和无知，因为体察人心毕竟是一件很费时费力、很费头脑的事情。至于说体察人心是一件不道德的事，就更站不住脚了。事实上，古今中外的伟人大多是体察人心的行家，精于了解他人心理构成了他们伟大魅力的一部分。

熟悉和掌握他人的心理变化，不仅可以因势利导，更可以化害为利。如果你不能学会了解人、体察人心，那么就不可能改变自己不尽如人意的社交现状。

谈话内容透露人心

如何从一个人语言的密码中破译对方的心态呢？闲谈是一种比较好的方式。因为闲谈大多是在一种轻松愉快的氛围下进行的，这会使对方心理上卸去防线。

第二次世界大战中期，东条英机出任日本首相。此事是秘密决定的，各报记者都很想探得秘密，竭力追逐参加决定会议的大臣采访，却一无所获。

这时候，有位记者有心研究了大臣们的心理定势：大臣们不会说出是谁出任首相，假如问题提得巧妙，对方会不自觉地露出某种迹象，有可能探得秘密。

于是，他向一位参加会议的大臣提了一个问题：此次出任首相的人是不是秃子？

因为当时有三名候选人：一是秃子，一是满头白发，一是半秃顶。这个半秃顶就是东条英机。在这看似无意的闲谈中，这位大臣没有认识到保密的重要性，虽然他也没有直接回答出具体的答案，聪明的记者，从大臣思考的瞬间，就推断出最后的答案，因为大臣在听到问题之后，一直在思考半秃顶是否属于秃子的问题。记者从随意的闲聊中套出了他需要的独家新闻。

与人谈话时，一些见识浅薄、没有心机的人就会很容易地把自己的不满情绪倾诉给你听。对于这种人，你不应和他保持更深更多的交往，只需当作一个普通朋友就行了。

假如和对方相识不久，交往一般，而对方就忙不迭地把心事一股脑儿地倾诉给你听，并且完全是一副苦口婆心的模样，这在表面上看来是很容易令人感动的。

然而，转过头来他又向其他人做出了同样的表现，说出了同样的话，这表示他完全没有诚意，绝不是一个可以进行深交的人。

这种人对一切事物都没有什么深刻的印象，千万不要附和他所说的话，最好是不表示任何意见，只需唯唯诺诺地敷衍就够了。

一个人的言语，在一定程度上反映一个人的一些实际情况。但如果不善于分析别人的言论，辨其是非善恶，也是无法看破人心的。以下告诉人们通过察言而看破人心的几个具体办法：

在正式场合中发言或演讲的人，开始时就清喉咙者多是由于紧张或不安。

说话时不断清喉咙、改变声调的人，可能还有某种焦虑。

有的人清嗓子，则是因为他对问题仍迟疑不决，需要继续考虑。一般有这种行为的男人比女人多，成人比儿童多。

故意清喉咙有时是对别人的警告，表达一种不满的情绪，意思是说："如果你再不听话，我可要不客气了。"

诬蔑他人的人闪烁其词，丧失操守的人言谈吞吞吐吐。

内心卑鄙乖张的人，心怀鬼胎，声音会阴阳怪气，非常刺耳。

有叛逆企图的人说话时常有几分愧色。

内心想要争辩之时，就容易有言语过激之声。

浮躁的人喋喋不休。

口哨声有时是一种潇洒或处之泰然的表示，但有的人会以此来虚张声势，掩饰内心的惴惴不安。

内心柔和平静的人，说话总是如小桥流水，平柔和缓，极富亲和力。

内心不诚实的人,说话声音支支吾吾,这是心虚的表现。

内心平静的人,声音也会心平气和。

心内清顺畅达之人,言谈自有清亮和平之音。

善良温和的人话语总是不多。

通过交谈方式察人心

此外,从言语方面看破人心的方法还有以下几种:

一是直接交谈法。就是通过与被考察对象直接交谈来辨别他的德才行为。这种方法是人们在知人识人中应用最为广泛的一种。实践也证明,这是获取被考察者言语并能正确判断其德行较好的一种方法。日本名古屋商工会议所主席土川元夫有一次接待一位要求到他那里工作的人。他谈了20分钟,便作出决定:不能留用。当推荐者问他为什么这么短的时间就能决定取舍的时候,土川元夫说,"这个人和我一见面就滔滔不绝地说个没完,根本不让我有说话的余地,我在说话时他又满不在乎地不注意听,这是他的第一个缺点。其次,他很得意地宣传他的人事背景,说某某达官贵人是他要好的朋友,另一位名人也是常常和他一起喝酒的酒友,沾沾自喜地炫耀出来故意让我知道;

第三，我想听的话，他又没有说出来，真令人担心，这种人怎么能做同事呢？"听了这番分析，推荐人也佩服得直点头。

二是耳听八方。就是在与被考察者广泛接触中，善听他们言谈，做有心人。对被考察者的话，在正式场合下说的话要听，日常生活中说的话也要听；顺耳的话要听，逆耳的话也要听；正确的话要听，错误的话也要听。从被考察对象者的各种闲言碎语中知人识人。比如一个人在正式场合说话的内容是满口的政治套话，很进步，而在"自由市场"上却说话不负责任，甚至散布一些不满的言论，说一些消极的话。这时，我们就可以判断出此人心口不一，不可信其言语。

三是委托传输法。就是通过第三者来获取被考察对象的言语。由于主客观条件的制约，被考察者说话也有一定的选择和掩饰性。比如，有的人在场时不敢说，有的脾气不投的不愿说，还有的性格内向的不善于说。这时，我们可以通过与被考察对象合得来的第三者与其谈话，来获取真实的言语。但是，领导者选择的第三者应当是为人正直、有责任心、可靠的人，这样才能保证传输言语媒介的"保真度"。

经过多种渠道，获得了考察对象的大量言语信息后，我们便能从这些言语信息中去识破人心。

行为习惯察人心

思想指导人的行动，心里想什么，想要干什么，必然体现在他的言行之上。但有些人的言行并不一致，如果仅听其言，就会受其所骗。所以听其言，必须观其行。人是极其复杂的，因为人的内心所想所要干的与其言行，因人不同而各异，即有一致的或相反的。一般而论，刚直的人，心所想的，就照说照干，这种人言行一致易于了解，听其言观其行便知其人。但狡佞的人，所想要干的是一回事，所说的以至所行的又是另一回事，即以其漂亮的言辞、合乎道义的行为，来掩盖其罪恶的用心，因此获得人们的赞赏和支持，以达到其罪恶的目的。所以对这种人，只察其言观其行，一时还难识其人，必须花相当的时间加以考察。

但是，即使对于最狡佞的人，明智的人以其行观察其人，加以仔细分析，终会发现其漏洞之处，如易牙、开方、哨刁等人，齐桓公认为他们的言行都合乎己意，是忠于己的侍臣，视之为心腹；而管仲从他们"杀子""背亲""自阉"以讨好桓公的不近人情之举，认为他们如此自我牺牲必有所图，故得出"难用"的结论，而桓公不听，结果自取其祸。这证明管仲有知人之明。由此可见，观察其人行动是否合乎道义，是衡量人的标准之一，也是一种看破人心的良法。

要知人需要掌握其人的全部言行的情况，这是知人的基本条件。如果仅据其人一言一行而对其人做出结论，结果必然失之偏颇。

看破人心，要听其言观其行，就是强调看破人心不仅要听其说得如何，更重要的是要看其做得如何，做和行就是我们所讲的实践。

一些人在做某些日常性动作时，有一些习惯性动作带有很浓厚的个性色彩，这对于我们知人识人、客观评价一个人具有重要的参考价值。这种情形是我们一天天地逐渐形成的，它有着极强的稳定性，我们想要一下子改变过来，一时之间却很难办到。心理学家莱恩曾说过："人们日常做出的各种习惯行为实际反映了客观情况与他们的性格间的一种特殊的对应变化关系。"这大概能为我们从日常习惯行为认识别人提供必要的理论根据。

一个人的所思所想和性格特征都能在举手投足、点头微笑中暴露无遗，那些经验丰富的识人高手往往从一举一动中就能识别人心。有一些习惯动作，可以帮助识人者观察对方并轻松地对人有所认知。这都是识人高手长期的识人经验总结。

通过眼神洞察人心

眼神是心灵之窗,心灵是眼神之源。眼睛是人体中无法掩盖情感的焦点。

在人际交往中,目光接触也发挥着信息传递的重要作用。不同的目光,反映着不同的心理,产生着不同的心理效果,有种种表现:

说话时,将视线集中在对方的眼部和面部,是真诚的倾听、尊重和理解。

一旦被别人注视而将视线突然移开的人,大多自卑,有相形见绌之感。

无法将视线集中在对方身上,并很快收回视线的人,多半属于内向性格,不善交际。

听别人讲话时,一面点头,一面却不将视线集中在谈话者身上，表示对来者和话题不感兴趣。

只注意自己手中的活计，不看对方说话，是怠慢、冷淡、心不在焉的流露。

仰视对方，是尊敬和信任之意；俯视他人，是有意保持自己的尊严。

彼此心存好感的两人说话，更注视对方的眼睛，以示寓意通达。

话不投机的人相遇，一般都尽量避免注视对方的目光，以消除不快。

伴着微笑而注视对方，是融洽的会意。

随着皱眉而注视他人，是担忧和同情。

面无悦色的斜视，是一种鄙意。

看完对方突然一笑，是一种讥讽。

突然圆眼瞪人，是一种警告或制止。

从头到脚地巡察别人，是一种审视。

所以，如果你不知道别人为什么看你，你就要稍微留意一下他的眼睛，便于采取对策。你想判断你面前站着的是个怎样的人，多观察他的眼睛。

在社会交往活动中，眼睛位置移动情况的不同，其心态也大不相同。

譬如，当上级与下级讨论工作时，上级的视线肯定会由高处发出，而且会很自然地直接投射下来。

反之，作为下级，虽然并未做任何错事，但视线却常常由下而上，而且往往显得软弱无力。这是由于职位高的人，总是希望对下级保持其威严的心理作用。但也有例外，这与职位高低无关，而是性格原因。

一般来说，在交往时，性格内向的人容易移开视线。

从眼神看对方心态举例：

一直盯着对方的女性，心中可能有隐情；

斜眼看对方者，表示对对方非常有兴趣，但又不想让对方识破；

翻眼看人者，表示对对方存有尊敬与信赖；

俯视对方者，想显示对对方的一种威严；

在言谈中，注视对方，表示让对方对自己所谈内容的注意；

初次见面时，先移开视线者，表示希望处于优势地位；

被对方注视时，便立刻移开视线者，大都有自卑感或缺陷；

看异性一眼后，随即故意移开视线者，表示对其有着强烈的兴趣；

视线不集中在对方，很快移开视线者，大都为性格内向者。

第四章

形象，接触陌生人的第一张名片

在生活中，形象很重要，它代表了一个人的外在精神面貌，决定了一个人的命运和前程。试想一下，如果你看到美丽的花儿，是不是身心愉快，然后想拿起手机拍下照片，不仅仅如此，你还是想多看几眼。俗话说，"窈窕淑女，君子好逑"，美丽的事物总是让人想要接触。因此，我们要打造好自己的形象，给别人留下良好的印象。

一秒定乾坤，第一印象不容忽视

在与人交往的过程中，所得到的有关对方的最初印象称为第一印象。第一印象主要是根据对方的表情、姿态、身体、仪表和服饰等形成的印象。

虽然第一印象留给别人的印象很短暂，但它经常会给你的生活带来深远的影响。

第一印象在日常生活中是很普遍的，这种初次获得的印象往往是今后交往的依据。

通常，一个人留给别人的第一印象是很难被改变的。之所以第一印象很难被改变，是因为人们在认知过程的开始阶段的印象会一直存在，并会影响后期的印象判断。

举个生活中常见的例子你就很容易明白了。如果第一印象好的人获得了成功，那么通常会被人认为是有能力；如果第一印象不好的人获得了成功，则会被认为是耍了什么手段才达到目的的。

心理学家研究发现，人们的第一印象形成是非常短暂的，有人认为是见面的前40秒，有人甚至认为是前3秒，在一眨眼的工夫，人们就已经对你盖棺定论了。有时就是这几秒钟会决定一个人的命运。因为在生活节奏紧张的现代社会，很少有人会愿意花更多时间去深入了解、洞察一个留给他不美好第一印象的人。

大部分人与人交往办事都依赖于第一印象的信息，而这个第一印象的形成对于日后的发展起着非常大的作用。毫不夸张地说，第一印象就是效率，就是经济效益。它比第二、第三次的印象和日后的了解更重要。第一印象的好与坏几乎可以决定人们是否能够继续交往。

美国勃依斯公司总裁海罗德说："大部分人没有时间去了解你，所以他们对你的第一印象是非常重要的。如果你给人的第一印象好，你才有可能开始第二步，如果你留下一个不良的第一印象，很多情况下，我们会相信第一印象基本上准确无误。对于寻求商机的人，一个糟糕的第一印象，就失去潜在的合作机会，这种案例数不胜数。你必须花费更多的时间才能够抹去糟糕的第一印象。"

尽管有时第一印象并不完全准确，但是正如中国的俗语"先入为主"，第一印象的建立如同在一张白纸上用墨水笔写字，写下了就难以再抹去。

不管人们愿意与否，第一印象总会在以后的决策时，在人的感觉和理性的分析中占据主导作用。

人们总是习惯于对第一印象的信任，而忽视后来的表现。尽管我们理直气壮地讲："不要以书的封面来判断其内容。"但是不可否认，绝大多数的人都在这么做，包括我们自己。别人在根据我们的外表和举动判断我们所包含的内容；我们也通过观察别人的外表，包括长相、身材、服装、言语、声调、动作等来判断他们。

我们是如何进行这样的判断呢？美国心理学家奥伯特·麦拉比安发现人的印象形成是这样分配的：55%取决于你的外表，包括服装、个人面貌、体形、发色等；38%是如何自我表现，包括你的语气、语调、手势、站姿、动作、坐姿等等；只有7%才是你所讲的真正内容。

心理学家还发现，当我们走进一个陌生的环境，人们靠直觉对你进行至少十条总结：你的经济条件、教育背景、社会背景、你的精明老练度、你的可信度、婚姻与否、家庭出身背景、成功的可能性、年龄、艺术修养等等。常听人讲："一看他就知道他是一个什么样的人"，这就是第一印象。这所谓"一看"，无非只有几秒钟的时间，而这几秒钟就可以让人们判断你的生活历史，预期你的未来发展。

六步打造良好第一印象

怎样才能给人良好的第一印象呢？从根本上说，它离不开提高自己的文明程度和修养水平，离不开经常的心理锻炼。心理学家提出下面几条建议：

1. 显露自信和朝气蓬勃的精神面貌

自信是人们对自己才干、能力、知识素质、性格修养，以及健康状况、相貌等的一种自我认同和自我肯定。心理学家指出，一个人要是走路时步履坚定，与人交谈时谈吐得体，说话时双目有神，目光正视对方，善用眼神交流，就会给人自信、可靠、积极向上的感觉。

2. 衣着仪表得体

有些人习惯于不修边幅。这本来属于个人私事，不过在一个新环境里，别人对你还不完全了解，过分随便有可能引起误解，产生不良的第一印象。美国有学者发现，职业形象较好的人，其工作初期的薪金比不大注意形象的人要高出8%～20%。当然，衣着仪表得体并不是非要用名牌服饰包装自己，更不是过分地修饰，因为这样反而给人一种油头粉面和轻浮浅薄的印象。

3.言行举止讲究文明礼貌

比如，注意语言表达简明扼要，不乱用词语；别人讲话时，不随便打断；不追问自己不必知道或别人不想回答的事情，这会给别人恶劣的印象。

4.讲信用，守时间

凡是应允的事，要努力办到。自己觉得办不好的事情，即使不便当面拒绝，讲话也要留有余地。为了讨好别人，明明办不到的事情也包揽下来，只会弄巧成拙，最终引起别人不满。讲信用还包括遵守时间，无论赴约、开会，都不要迟到。否则，也会给人做事不讲信用的感觉。

5.待人不卑不亢

不亢，就是不骄傲自大。不卑，就是不卑躬屈膝，不做出讨好、巴结别人的姿态。前者会引起别人反感，后者则有损自己人格。尤其在参加面试时，更不宜因为渴望得到这份工作而表现出谄媚主考人的样子。

6.与对方同步化

调整你的身体姿势和语音语调,使之适应新朋友,因为人们都会被和自己相似的人所吸引。当你以对方的速度来说话时,他们自然会有反应。当新朋友点头或摇头的时候,你也学着做,立刻就能建立和睦的关系。

打造良好外形的基本要求

科学研究的结果表明，个人感受到的对方仪表的魅力同希望再次与之见面的相关系数远远高于个性、兴趣等同等的相关系数。因此注重仪表，塑造出自己最佳的形象是商务人员必须认真做到的。总的来说，塑造良好的个人形象应做到以下几方面。

1. 保持仪表整洁

要求仪表仪容干净、整洁，就是要做到并保持无异味、无异物，坚持不懈地做好仪容细节的修饰工作。

干净、整洁是个人礼仪的最基本要求。这里包括面容、头发、脖颈与耳朵、手、服饰等方面的整洁。面容看上去应当润泽光洁；耳朵、脖子应当干干净净。不要小看这一点，面部是一个人最突出的代表部分。面容是否洁净，皮肤是否保养得当，看上去是有生气、有光泽，还是灰暗、死气沉沉，都直接关系到他人对你的印象。一个有教养的人，绝不会是那种不修边幅、蓬头垢面的人。

头发常常没有像面容那样受人重视，但假如你希望改善自己的形象，就应把头发作为重要环节来考虑。头发松软亮泽，加上整齐的发型梳理，衬出光洁的面容，才能展现你良好的素养和气质。注意不要让你的上衣和肩背上落有头皮屑和掉落的头发，因为那样就会给人一种不整洁的感觉。

有了光洁的面容，整齐的头发，还要注意手的清洁。如果伸出的一双手很脏，那美好的印象一下子就被打破了。在人的仪表中，手占有重要的位置。一个仪表风度不凡的人，绝不会长着又黑又长的指甲。一般来说，男性不宜留长指甲，女性如果留长指甲，一定要修剪整齐，并保持洁净。

2.注意重要的细节

口腔卫生也是个人仪表仪容整洁的重要内容之一，主要应注意口中有无异味即口臭。与人交谈时，如口中散发出难闻的气味，便会使对方很不愉快，自己也很难堪。通常情况下，口腔异味多为口腔疾病或不注意口腔卫生引起的，也可能是由身体内部疾病引起的，有时吃了葱、蒜、韭菜等食物，也会产生强烈异味。口臭会使一个人美好的形象大打折扣,因此,应查明原因及早治疗。同时,早晚刷牙,饭后漱口,多吃清淡食物,多喝水,也是很重要的。如果吃了味道强烈的食物,可在口内嚼一点茶叶、红枣或花生,以帮助清除异味,必要时可以用嚼口香糖的办法来减少口腔异味。但还要注意,正式交际场合中,在别人面前大嚼口香糖是不礼貌的行为。

身体异味是令人反感的。如果有狐臭的毛病,应及时治疗。经常洗澡,勤换内衣,可以减小或防止身体异味。

服饰穿戴在任何情况下都应保持干净整齐。注意衣领袖口或其他地方有无污渍。服装应是平整无皱折的,扣子齐全,不能有开线的地方。内衣外衣都应勤洗勤换,保持洁净状态。此外,对鞋袜要像对衣服一样重视,不能身上漂亮而鞋袜污脏。皮鞋应保持鞋面光亮。有人说,"三分衣服七分鞋",可见干净整洁的鞋在仪表中的重要性。

3.做到简约、大方

要求仪表仪容简约,就是在整理、修饰仪表仪容时,要力戒雕琢,不搞烦琐,力求简练、明快、方便、朴素。要求端庄大方,就是要求端庄、斯文、雅气,而不花哨、轻浮、小气。

修剪头发时,对于男性来讲,应当求短忌长;对于女性来讲,则不提倡留披肩发。偏爱披肩发者,在工作岗位上有必要将它暂时盘束起来。如果染发,颜色宜与本身发色相近。

修剪指甲,总的要求是忌长。除了必要的指甲保养,不宜做过于张扬的彩绘。

切记"修饰避人"的原则。在进行仪表仪容修饰、整理时,务必要自觉回避他人,以示对己对人的尊重。女士需补妆时,应到洗手间内进行。

男士不化妆,以修面、理发为主,但也可少量用护肤霜、香水等;女士要以淡妆为主,达到容貌端庄自然、健康的效果。

根据着装、自身特点、场合需要,选择佩戴饰品。佩戴饰品时应符合佩戴要求,以点缀为主。

在人际交往中,人的外表形象往往会起潜移默化的微妙作用。仪表美是心灵美的体现,仪表美是对生活的热爱,是对社会和他人的尊重。端庄、美好、整洁的仪表,能使对方产生好感,从而有益于商业活动的开展。

良好的形象需要仪态来增色

仪态是指人在行为中的姿势和风度。姿势是指身体所呈现的样子；风度则是属于内在气质的外化。一个人的一举一动、一笑一颦、站立的姿势、走路的步态、说话的声音、对人的态度、面部的表情等都能反映出一个人仪态美不美。而这种美又恰恰是一个人的内在品质、知识能力、修养等方面的真实外露。仪态美要求做到自然、文明、稳重、美观、大方、优雅、敬人的原则。

1.手姿美

手姿，又叫手势。由于手是人体最灵活的一个部分，所以手姿是体语中最丰富、最具有表现力的传播媒介，做得得体适度，会在交际中起到锦上添花的作用。适当地运用手势，可以增强感情的表达。古罗马政治家西塞罗曾说："一切心理活动都伴有指手画脚等动作。手势恰如人体的一种语言。这种语言甚至连野蛮人都能理解。"作为仪态的重要组成部分，手势应该正确地使用。

谈话时，手势不宜过多，动作不宜过大，更不能手舞足蹈。传达信息时，手应保持静态，给人稳重之感。拍拍打打、推推搡搡，抚摸对方或勾肩搭背，依偎在别人的身体上等行为，会让别人反感，也是不符合礼仪的行为。

不能用食指指点别人，更不要用拇指指自己。一般认为，掌心向上的手势有一种诚恳、尊重他人的含义；掌心向下的手势意味着不够坦率、缺乏诚意等；攥紧拳头暗示进攻和自卫，也表示愤怒；伸出手指来指点，是要引起他人的注意，含有教训人的意味。因此，在引路、指示方向等时，应注意手指自然并拢，掌心向上，以肘关节为支点，指示目标，切忌伸出食指来指点。在谈话中说到自己时，可以把手掌放在胸口上；说到别人时，一般应用掌心向上，手指并拢伸展开进行表示。

接物时，两臂适当内合，自然将手伸出，两手持物，五指并拢，将东西拿稳，同时点头致意或道声谢谢。递物时，双手拿物品在胸前递出，并使物体的正面对着接物的一方，递笔、刀剪之类尖利的物品时需将尖头朝向自己，摆在手中，而不要指向对方，不可单手递物。

2.站姿美

站立是人们生活交往中的一种最基本的仪态。"站如松"是说人的站立姿势要像松树一样端直挺拔。正确健美的站姿会给人以挺拔笔直、舒展大方、精力充沛、积极向上的印象。

站姿的基本要领是：两脚跟相靠，脚尖分开45～60度，身体重心放在两脚上。两腿并拢立直，腰背挺直，挺胸收腹。抬头挺直脖颈，双目向前平视，嘴唇微闭，面带微笑，微收下颌。站立时要注意：端正直立，不要无精打采、耸肩勾背、东倒西歪，不要倚靠在墙上或椅子上，在正式场合，不要将手插在裤带里或交叉在胸前。不抖腿，不摇晃身体，不东歪西靠，不要挺肚子，以免形体不雅观。由于性别方面的差异，男女的基本站姿又各有一些不尽相同的要求。对男子的要求是稳健，对女子的要求则是优美。

站姿可以随着场合进行调整。同别人交谈时，如果空着手，可双手在体后交叉，右手放在左手上。若身上背着背包，可利用背包摆出优雅的站姿。向长辈、朋友、同事问候或做介绍时，无论握手或鞠躬，双足应当并立，相距约10厘米，膝盖要挺直。等车或等人时，两足的位置可一前一后，保持45度，肌肉放松而自然，并保持身体的挺直。如果站立时间过久，可以将左脚或右脚交替后撤一步，其身体重心置于另一只脚上。但是上身仍需直挺，脚不可伸得太远，双腿不可叉开过大，尤其女性应当谨记，变换不可过于频繁。双腿交叉，即别腿，也不美观。总之，站的姿势应该是自然、轻松、优美。不论站立时摆何种姿势，只有脚的姿势及角度和手的位置在变，而身体一定要保持绝对的挺直。

在需要下蹲的时候，女士下蹲不要翘臀，上身直，略低头，双腿靠紧，曲膝下蹲，起身时应保持原样，特别穿短裙下蹲时更不要翘臀。对男士没有像对女士那样严格的要求，但也应注意动作的优雅。

3.坐姿美

对坐姿的要求是"坐如钟"，即坐相要像钟那样端正稳重。端庄优美的坐姿，会给人以文雅稳重、自然大方的美感。

坐姿的基本要领是，入座时走到座位前，转身后把右脚向后撤半步，轻稳坐下，然后把右脚与左脚并齐，坐在椅上，上体自然挺直，头正，表情自然亲切，目光柔和平视，嘴微闭，两肩平正放松，两臂自然弯曲放在膝上，也可以放在椅子或沙发扶手上，掌心向下，两腿自然弯曲，两脚平落地面，起立时右脚先向后收半步然后站起。

一般来说，在正式社交场合，要求男性两腿之间可有一拳的距离，女性两腿并拢无空隙。两腿自然弯曲，两脚平落地面，不宜前伸。在日常交往场合，男性可以跷腿，但不可跷得过高或抖动；女性大腿并拢，小腿交叉，但不宜向前伸直。

就座时，也能体现出落座者有无修养。若是走向他人对面的座椅落座，可以用后退法接近属于自己的座椅，尽量不要背对自己将要与之交谈的人。为使坐姿更加正确优美，应当注意，入座要轻柔和缓，起立要端庄稳重，不可弄得座椅乱响。就座时不可以扭扭歪歪，两腿过于叉开，不可以高跷起二郎腿。若跷腿时，悬空的脚尖应向下，切忌脚尖朝天。坐下后不要随意挪动椅子，腿脚不停地抖动。女士着裙装入座时，应用手将裙装稍稍拢一下，不要坐下后再站起来整理衣服。正式场合与人会面交谈时，身子要适当前倾，10分钟左右，不可松懈，不可以一开始就全身靠在椅背上，显得体态松弛。就座时，不可坐满椅子，但也不要为了表示过分谦虚，故意坐在边沿上。坐势的深浅应根据腿的长短和椅子的高矮来决定，一般不应坐满椅面的2/3以上。当然，去拜访长辈、上司、贵宾时，自然不宜在落座后坐满座位。

若是只坐座椅的1/2,那么对对方的敬意无形中溢于言表。这是利用坐姿来表示对他人的敬意的重要做法。坐沙发时,因座位较低,也要注意两只脚摆放的姿势,双脚侧放或稍加叠放较为合适。避免一直前伸,要控制住自己的身体,否则身体下滑形成斜身埋在沙发里,显得懒散。更不宜把头仰到沙发背后去,把小腹挺起来。这种坐相显得很放肆,又极不雅观。坐在椅子上同左或右方客人谈话时不要只扭头,应尽量侧坐,上体与腿同时协调地转向客人一侧。

座位高低不同时,坐姿也有不同要求。

低座位:轻轻坐下,臀部后面距座椅背约2厘米,背部靠座椅靠背。如果穿的是高跟鞋,坐在低座位上,膝盖会高出腰部,应当并拢两腿,使膝盖平行靠紧,然后将膝盖偏向对话者,偏的角度应根据座位高低来定,但以大腿和上半身构成直角为标准。

较高的座位:上身仍然要正直,可以跷大腿。其方法是将左腿微向右倾,右大腿放在左大腿上,脚尖朝向地面,切忌右脚尖朝天。

座位不高也不低:两脚尽量向后左方,让大腿和你的上半身成90度以上角度,两膝并拢,再把右脚从左脚外侧伸出,使两脚外侧相靠，这样不但优雅，而且显得文静而优美。无论何种坐姿，上身都要保持端正。

端坐时应注意，双手不宜插进两腿间或两腿下，而"4"字形的叠腿方式，或是用手把叠起的腿扣住的方式，则是绝对禁止的。有失优雅风度的坐姿，如把脚藏在座椅下，甚至用脚勾着座椅的腿，这都是非礼的举动，均属避免之列。

4.走姿美

对走姿的要求是"行如风"，即走起路来像风一样轻盈。当然，不同情况对行走的要求是不同的。一般来说，标准的行走姿势，要以端正的站立姿势为基础。

基本要领是双目向前平视，面带微笑收下颌。上身挺直，头正、挺胸收腹，重心稍前倾。手臂伸直放松，手指自然弯曲，摆动时要以肩关节为轴，上臂带动前臂向前，手臂要摆直线，肘关节略屈，前臂不要向上甩动，向后摆动时，手臂外开不超过30度。前后摆动的幅度为30~40厘米。

走路时姿势美不美，是由步度和步位决定的。步度，是指行走时两腿之间的距离。步度一般标准是一脚踩出落地后，脚跟离未踩出一脚脚尖的距离恰好等于自己的脚长。身高超过1.75米以上的人的步度约是一脚半长。步位，是指你的脚下落到地上时的位置。走路时最好的步位是两只脚所踩的是一条直线而不是两条平行线。

走路用腰力，要有韵律感。如果走路时腰部松懈，就会有吃重的感觉，不美观；如果拖着脚走路，更显得没有朝气，十分难看。要保持优雅的步姿可以记住以下几句口诀："以胸领动肩轴摆，提髋提膝小步迈，跟落掌接趾推送，双眼平视背放松。"走路的美感产生于下肢的频繁运动与上体稳定之间所形成的对比和谐，以及身体的平衡对称。要做到出步和落地时脚尖都正对前方，抬头挺胸，迈步向前。

走路时应注意，最忌内八字和外八字；不要弯腰驼背、歪肩晃膀；不要步子太大或太碎；走路时不要大甩手，扭腰摆臀，左顾右盼；上楼不宜低头翘臀，下楼不宜连蹦带跳；不要双腿过于弯曲，走路不成直线；不要脚蹭地面；不要双手插裤兜；多人一起行走不要排成横队；有急事要超过前面的行人，不得跑步，可以大步超过并转向被超越者致意道歉。

5.行为举止美

举止行为体现一个人的修养。现代人应做到行为文明、举止得当。与人交谈或出席任何场合都要符合一定的标准，注意细节，才能给人留下好的印象。长期以来人们在举止方面有约定俗成的规则，基本要求是人们的言行举止在不同场合要使用得当。

礼貌举止有点头、举手、起立、鼓掌、拥抱。具体要求有如下几方面。

（1）点头。这是一种最常见的礼貌举止，经常用于与熟人打招呼。用点头来打招呼时，点头者应用眼看着对方，面部略带微笑，等对方有表示时再转向他方。点头打招呼也可以在较大的迎送场合使用，当迎送者较多或距离较远时可以用点头表示敬意，也可以点头和握手配合使用。

（2）举手。这是一种与对方较远或交臂而过时间仓促时的打招呼方式，也是一种常见的礼貌行为举止。由于条件所限，举手打招呼是最合适的，用这种随机的礼貌举止可以消除对方的误会，并感到与正常招呼差不多的满意。这种方式不但可以表示认出对方，而且还可以在短距离内表达你的敬意。

（3）起立。这是一种在较正式场合使用的，位卑者向位尊者表示敬意的礼貌举止。常用于集会时对报告人到场或重要来宾莅临时致敬。

（4）鼓掌。这是在社交场合表达赞许或向别人祝贺等感情的礼貌举止。正式的社交场合，重要人物出现、精彩演讲或表演结束皆可鼓掌。

（5）拥抱。这是传达亲密感情的礼貌举止。在国外，特别是欧美国家应用广泛。我国通常用于外交活动中的迎来送往场合，偶尔也用于久别重逢、误解消除等难以用语言来表达强烈感情的特殊场合。

不礼貌的举止主要有以下几种，它会影响到你的气质，一定要避免。

第一，抖动腿脚。抖动腿脚能消除紧张情绪，也适合办公室一族锻炼腿部。但在社交场合却是一种很不文明的举止，是缺乏自信心的下意识举动，而且，抖动腿脚还会带动座椅摇动影响他人，让人反感。

第二，挠头摸脑。在交谈中下意识地挠头摸脑也是一种不文明的举止。这个举动经常被人忽视不注意。这种不自然的动作既不卫生，又显示出你的拘束与怯场，会造成他人对你的轻视，认为你社交经验少。

第三，揉鼻挖耳。在公开场合，揉鼻挖耳都是不文明的举止。它不但容易给人带来感官上的刺激，而且还会让人感到你很傲慢、不懂礼貌。

另外，还要注意，在交际中，男士应表现出刚劲、强壮、英勇和威武之态，给人一种强壮的美感，而不要忸怩作态。阳刚的表现不等于粗野，满口脏话，衣冠不整，不拘小节，也不是故作姿态、装腔作势，这样是"粗野"，是一种缺少教养的表现。良好的表现是要在交际中自然大方、从容不迫、谈笑自如，说话和气、文雅谦逊，尊重别人。而当男士以主人的身份出现时往往是社交成败的关键。他要热情地接待每一位来访者。对来访者相见时，要热情地握手问候，分别时要礼貌道别。

在交际中女士则要表现得举止优雅得体，要表现出女性的温柔、娴静、典雅之美，动作要轻柔自如，经常面带微笑，笑容自然，使人感到亲切友善。在公开的社交场合中，女士举止应自然大方，不要忸怩作态，不要轻佻，更不可挤眉弄眼，过分地装出一副笑脸，给人的感觉就如同献媚。在青年男女共同社交场合，女子之间切忌交头接耳窃窃私语，以及发出一些使人莫名其妙的笑声。女士担任主人的职务时应注意男士的处境。当一位男士身处几位女士之中，他会感到不自然。这时女主人应主动"出击"，找出共同话题。当女士被男士邀请时，不要断然拒绝或含糊其辞，如不能赴约，应给以解释或婉言谢绝，更不可出言不逊使人难堪。

在与人来往时，除了需要避免不文明举止外，与人交谈时还应该注意交谈时双方的距离。距离过近或过远都会有失礼貌。距离过远，会使交谈者误认为不愿与之接近，有拒人千里之外的感觉；距离过近，稍有不慎就会把唾沫溅到别人脸上，或者口中或身上的异味被别人闻到，令人生厌。如果对方是异性，对距离的保持不适当，还会使之戒备或者被他人误会，特别是未婚男性与未婚女性之间。如果男性有吸烟史或口臭等口腔之疾，更要注意自己的形象，不要忘乎所以地谈论，要考虑别人的感受。那么，与人交谈时到底保持怎样的距离才算合适呢？这主要根据具体情况而定，一般礼貌距离是0~45厘米为亲密距离，45~120厘米为熟人距离，120~300厘米为社交距离；360~800厘米为公众距离。

注重仪态的美化有四个标准：一是仪态文明，是要求仪态要显得有修养，讲礼貌，不应在异性和他人面前有粗野动作和行止；二是仪态自然，是要求仪态既要规则庄重，又要表现得大方实在，不要虚张声势，装腔作势；三是仪态美观，这是高层次的要求，它要求仪态要优雅脱俗，美观耐看，能给人留下美好的印象；四是仪态敬人，是要求力禁失敬于人的仪态，要通过良好的仪态来体现敬人之意。

良好的专业形象提高个人价值

这是一个真实的故事。一位有习惯性流产史的妇女,在第3次妊娠时,已经34岁。为了保住胎儿,她遵照医嘱"绝对"卧床保胎。妊娠初期,前两次流产的经历像梦魇一样总在脑海出现,天天在恐惧和紧张中度过。按照与医院的约定,有医师定时或随时到家里进行必要的检查和照顾。该妇女在保胎8个月后,平安地分娩了一个宝贝"千金"。后来,她和家人回忆起这段"保胎"经历时,常提及来访的医师总是那么靓丽、精神焕发、生机勃勃。他们还注意到,这位来过10多次的医师,居然没有穿过重样的衣服,每次的穿着都剪裁合体。她的言谈举止,从内到外都透露出"生活是美好的""一切都是有希望"的信息,对该妇女产生了深刻影响。患者对医师的这种感觉,医师可能难以意识到或察觉。但医师的形象却是医患之间无言的潜移默化的沟通手段。就这样一个医师以她良好的形象体现了乐观、积极的精神，同时对病人及其家属也起了很大示范和鼓舞的作用。如果你今天站在他人的面前，你的衣着别人认为还是可以的，但是你的仪表，别人认为并不和你的衣着能够吻合，别人仍然不能够接受你。

专业的形象，辉映出你的智慧与才华，良好的专业形象不仅能够提升个人品牌价值，而且还能提高自己的职业自信心。

如果职业人的职业形象不能体现其专业身份，不能给他人包括你的客户带来信任感，那么再高超的职业技能也都是徒劳。特别是对于日益发展的服务行业来说，客户对服务产品的认可，更多地来自于服务者本身。政府机关、事业单位工作人员的职业形象同样重要，若不重视就可能破坏与合作伙伴的关系，或者降低服务水平。

从职业持续发展的角度看，职业人应该为自己希望从事的工作选择着装，而不仅仅是为已有的工作着装。塑造良好的职业形象，要考虑到符合自己的职业气质、个人年龄、办公环境、工作特点与行业要求。对待职业形象不可肆意妄为，也不必过分刻板，要在遵循行业标准的基础上，针对不同的场合采用不同的表现方式，做到既尊重他人又展现自我。

在当今这个发展迅猛的商业社会里,一个公司必须在其从事的每一件事中表达出这个公司特有的个性来。而对于当今的个人专业形象塑造来讲也应如此。从你的正式商业展示表演,到你的汽车内部摆设,再到你身上佩戴的流行饰物,你所塑造出来的形象应该是一种绝版的专业形象。

所以,要想在单位里或作为一个自由职业人给人留下好的印象,就得学会推销自己,提高自己的知名度。在一个人人都努力工作的单位里,个人形象和知名度就不仅仅是一件小事了。当然,让别人扮演你的宣传代理的角色,会收到极佳的效果。

想要当副总就要有副总的形象

形象设计大师索尔比给热爱成功的商界男士的忠告是：你的职场目标是什么，你就穿得像什么，你的形象就得像什么。如果你现在只是保险公司的初级文员，你想成为推销员，那就把自己打扮成一个十足的跑街先生。如果你的目标是公司的副总，那就像目前的那位副总一样，用国际名牌来武装自己。

你的职业形象直接或间接影响你个人晋升的机会。很多人认为有实力就够了，只要能力强、业绩好，升迁机会自然不在话下。不过，在大家实力相当、表现都很出色的时候，你的整体形象就会让你拥有更多的机会。

有位主管朋友讲了他同事的"悲剧"：

这位王姓女同事其实工作能力很强，与同事相处也都融洽，唯一美中不足的一点是：她的外表实在有点邋遢，不喜欢化妆，根本不在乎自己的外在形象。她常常弄不明白，为什么自己的工作那么出色，那么认真，为什么升迁的机会总是轮不到她呢？

这位主管道出其中的缘由：其实，旁观者都看得出来，这是因为她的外表实在很吃亏，而不是工作能力的问题，可是谁又能开口告诉她呢？

每每遇上重要的业务欲让她接洽，却总担心客户以貌取人，认为这是一家不注意形象，不专业不敬业的公司，毕竟公司输不起自身的形象。

从上述的分析中，我们也就不难得出那位女同事不能升迁的原因了。形象设计大师乔恩·莫利就说过："那些穿着不合身的化纤西服、陈旧的衬衣和耀眼的领带的人，是没有机会走到公司的上层的。"《迈向CEO之路》书中也提醒：如果你看起来没有那个"架势"，你就不可能有机会去展现你的沟通能力、个人魅力、个性，以及你精彩的思考与创意。

据著名形象设计公司英国CMB对300名金融公司决策人的调查显示，成功的形象塑造是获得高职位的关键。美国著名形象设计师莫利先生曾对美国《财富》排名榜前300名公司的100名执行总裁调查，97%的人认为懂得并能够展示外表魅力的人，在公司中有更多的升迁机会；100%的人认为若有关于商务着装的课，他们会送子女去学习；93%的人会由于首次面试中申请人不合适的穿着而拒绝录用；92%的人不会选用不懂穿着的人做自己的助手；100%的人认为应该有一本专门讲述职业形象的书以供职员们阅读。

就连大家认为最不重视穿着打扮的科技业，曾经有家公司要找一名高级主管，国内外上百封应征信如雪片般飞来，几乎人人都有博士学位与丰富经历，层层筛选最后挑出两人，落败者之所以坐不上大位，就因为他"看起来"没有主管的样子，会坏了公司的形象。

现实中，有多少优秀的人才长年在一个位置上停滞不前，是他们不再努力，还是缺乏才智？都不是，而是他们没有展示出他们的潜力，他们的形象就让人相信："他不适合更高的位置！"

在成功的每一个台阶上，都包含着理性的修炼、自我成长的哲学、在现实社会中的处世原则、对人性心理的理解、灵活而多维的思维方式以及高瞻远瞩的雄伟气魄。这些正是现实中很多身在职场的人所缺少的，因而导致许多有才能的人不能走向领导阶层。

穿得像在位人是敬业，为下一个职位而穿则是智慧。这里所说的为下一个职位而穿就是穿衣打扮稍微升级一些，让自己看起来是同阶层中最好的，特别当大家的能力不相上下的时候，透过衣着的编码展示出一个与期待的职位相符的形象，展现出一个有潜力、值得信任的形象，的确可以创造出自己在团体中的"能见度"，进而脱颖而出。

不过还应该提醒大家，千万别把自己的外表塑造成远远超过目前你所处职位的样子，以免给人华而不实的错觉，或者不小心树敌，反而误事。

所以，要打开升迁的大门，形象设计就是开门的这把钥匙，不但要努力工作，更要懂得包装自己，这样，成功的机会就会更加垂青于你。

第五章

与陌生人交往要有礼,礼多人不怪

我国是一个礼仪之邦,素有"礼多人不怪"的说法。无论是亲情、友情还是爱情,都需要用礼仪来维护。否则,犯了"规矩",逾越了"距离",就会使关系恶化,惹麻烦上身。

"请"字当先好办事

与人交往,一定要有礼物,尤其是在请求别人时,一定要"请"字当头。因为毕竟是你有求于人的,如果请求别人对疑难问题指点迷津,应说:"请教您一个问题,可以吗?"你不知道去市体育中心的路,应向路人问:"请问到市体育中心的路怎么走?"在商店买东西,你应对服务小姐说:"请把那个文具盒给我看看。"风从窗口吹进来,你对坐在窗边的人说:"请关一下窗,好吗?"凡有请求必须使用请求语,这样对方容易接受。

请求别人,要把握恰当的时机,对方时间宽裕、心情舒畅时,请求他做点事得到答应的可能性很大;相反,对方心境不佳或时间紧张时,你的请求可能只会令他心烦,你提出的请求一般很难得到确定的答复。

请求别人，还要端正态度，注意语气。请求别人虽无须低声下气，但也绝不能高人一等，非得别人答应不可，而应当语气诚恳，平等对待。要用协商的语气，如"劳驾，让我过一下，行吗？""对不起，请别抽烟，好吗？""什么时候有空请跟我打打球，怎么样？"

同时，请求别人还要体谅对方的心理。如："我知道这事对您来说不好办，但我实在没有办法，只好难为您了。"这样说，相信很少有人会不为你所动。

当有客观原因，对方不能答应请求时，千万不要抱怨，依然要记得感谢。这样对方在有条件帮忙时肯定会鼎力相助；如果你不能体谅对方，而对对方施以抱怨，这等于堵死了再次向对方提出请求的通路。

还要注意一点，我们在请求别人办事或者请教他人时，除了用"请"字开头，也一定要态度诚恳，千万不可与对方辩论争执，否则你前面铺垫了很多的"请"字，就算白费了。

与人见面有礼有节

俗语说,油多菜不坏,礼多人不怪,此乃人之常情。

老王是不善客气的人,又患有高度近视,即或戴上了眼镜,看清来人的面貌也是有些困难,对于熟人,只会由听声音辨别他是谁。因此对他不太熟悉的人,往往误会他是自大成性。

他为了补救他的缺憾,就是对于勤杂工人,也是"请","谢谢"不离口,他们来到面前,有所陈述或要求时,他总是起立,绝不坐在椅上,有时还称他们先生。这些举动必定使他们受宠若惊,认为他是一个很友善的人。

某甲是某机关的一位领导,每当高级职员有事去见他时,他不但坐着不动,也不屑回你一声某先生,真是架子十足。有时碰到他不高兴,或认为你说话不对时,他竟始终不开口,好像听而不闻，也始终不对你看，好像视而不见，你落得一场没趣，只好愤然退出。他对高级职员如此，对其他下属，当然不问可知，就是对待朋友，同样也是爱理不理的神气，实在令人难受。当他得势的时候，大家只敢在背后评论他，当面还是恭维，还是奉承，但心里都是反对他。他种下了这样的恶因，后来情况有所变化，一时间，攻击他的人非常多，这当然还有其他方面因素。然而平常待人傲慢，至少也是原因之一吧。

《诗经》说："相鼠有皮，人而无礼，人而无礼，不死故为！"

无礼之取怨于人，真会咒人早死。人在社会上，要多结人缘少结怨，而多礼便是一件必要的工具。礼是人为的，是后天的，必须用心去学习，学习使人成为习惯。如此，多礼便能行无所事了。

学者陈先生是以多礼出名的人，他见人必先招呼，招呼必先鞠躬，对朋友如此，对学生也是如此，说话轻而和气，点头不断，笑容不掬，跟随他学习多年的学生，也从未见他有过一次声色俱厉。你如到他家里，或办公室里，请他写字，他虽写得一手很好的书法，还是十分谦虚，请你坐下来谈，你如不坐，他也始终站着。无论是谁，一与陈先生相交，便如饮醇醴无不心醉，所以他的人缘特别好，凡是他的学生，一见他来，立即鞠躬，让立一旁等他过，这不是怕他，而是敬他，敬他完全由于他的多礼，对别人有礼有节，别人也同样会以礼节来回报你。

然而多礼还必须诚恳，适见其人的虚伪，虚伪反而使人讨厌。能诚恳，才能恭敬；能恭敬，才是真正的礼貌。俗话说：人熟礼不熟，这就是表示，就是对于熟人，也要有礼貌。"晏平仲善与人交，久而敬之。"晏子所以能够被别人久而敬之，他必先对人能够久敬，才能得到别人的久敬。久而敬之是指双方面而言，并且，更须先由每一个人自身开始。

仪表也是一种礼貌

张三大学毕业时,是一个充满了抱负和野心的年轻人。他追求独特个性,他崇拜比尔·盖茨和史蒂夫·乔布斯这两个电脑奇才,追随他们的牛仔、T恤等不拘一格的休闲式穿衣风格,他相信"人的真正的才能不在外表,而在大脑"。对那些为了寻求工作而努力装扮自己的人,他嗤之以鼻。他认为真正珍惜人才的现代化公司不会以外表衡量人的潜力。如果一个公司在面试时以外表来论人,那么这也不是他想为之效力的企业。他不仅穿着牛仔裤、T恤,还穿上一双早已落伍的鸭舌口黑布鞋,他认为自己独特的抗拒潮流又充满叛逆性格的装束,正反映了自己才子的、有独特创造性的思想和才能。

像大多数学生一样,他在外企一次次面试,但一次次地以失败结束。直到最后一次,他与同班同学被某个公司先后召去面试。他的同学全副"武装",发型整洁、面容干净、西装革履，手中提了个只放了几页纸的皮公文包，看起来已经俨然是一副成功者的姿态，而自己依然是那副"潇洒"的"盖茨"服，外加上"性格宣言"的黑布鞋。在他进入面试的会议室时，看到了五六个人，全部是西服正装。他们看起来不但精明强干，而且气势压人。他那不修边幅的随意性，显得如此与众不同、格格不入。巨大的压力和相形见绌的感觉使他"恨不能找个地缝钻进去"。他没有勇气再进行下去，终于放弃了面试的机会。他说："我的自信和狂妄一时间全都消失了。我明白了一个道理，我还不是比尔·盖茨。"

今日之中国已经融入世界，要迎接全球化的今天，我们要改变过去的错误观念。

在北美，有一个关于比尔·盖茨的传说。他曾穿着牛仔、T恤去打高尔夫，场地管理人员按规定没允许他入场。盛怒之下，比尔·盖茨买下一个高尔夫场地，从此再也不用在打高尔夫时还要按规定穿着而受人限制了。可是比尔·盖茨的穿着也不是处处行得通。当微软被联想指控，他也被迫出庭时，从没有穿着随便地出现在法庭和媒体上。

凭借比尔·盖茨的巨大成就及他对世界和人类的贡献，无论他穿什么，讲什么，人们不但接受他、相信他，而且崇拜他。但比尔·盖茨只有一个，他是个奇特的传奇人物，他的成就和业绩已经超出形象可以传达的内容，他是一个超级品牌，他的名字是成功的代名词。衡量社会"成功"者的形象无法用于他，如果你还没有达到他的成就，而且又不是公司老板，纵然有多么出众的才华，为了你的不可估量的未来和潜在无限的机遇，还是不要像前面所讲的张三那样拿自己的事业和机遇做赌博。

那些极其富有、成功和古怪的人，并不在乎自己留给人们的形象，但我们中的大部分却不能不在乎外界如何看待我们。

无论是风险基金经理还是面试你的未来老板，绝大部分情况都不会相信你现在可以和比尔·盖茨相比。假如你认真观察，会发现比尔·盖茨的形象也在日趋改变，他在媒体上的新形象已经完全不同于以往，那个着装随便的比尔·盖茨已经消失了，新的比尔·盖茨更像一个华尔街上的经纪人。

"粗俗"不是"豪爽"

个性豪爽是值得称道的，但是态度过于随便的人却难以获得别人的尊敬，而且这种性情的人还会给自己的生活增加一些麻烦。比如，他们由于说话不注意分寸而常常会惹长辈生气；不顾场合地开玩笑，无意间会伤害朋友。另外，对待身份和地位比你高的人采取这种毫无顾忌的态度，则会使对方觉得你没有涵养，不值得重用；对待身份和地位比你低的人时态度过于随便，也容易使对方误解，让他以哥们义气相待，甚至提出不当的要求。开玩笑的情形也是如此，如果你凡事都喜欢开玩笑，即使在讲正经话的时候，也很难叫人相信。

个性豪爽的人虽然比较好相处，但要受人尊敬，你就应该善于利用这种豪爽。以我们自己的生活体验，在一些娱乐性的场合，我们经常会想要这类人的加入。比如，因为那个人歌唱得很好听，我们感觉和他相处得很愉快；或者因为某人舞跳得很好，所以我们乐意找他去参加舞会；或者因为他喜欢讲笑话，非常有趣，所以我们高兴约他一起去吃饭……

人们之所以乐意在这些场合找他，主要是为了娱乐的需要，但是，如果人们只是在这种时候才想到他，这并不是什么好事，这也不是在真正夸赞一个人，反过来有可能是在贬损他。至少一个只有娱乐这方面"优势"的人，是不会被他人委以重托的，因而也不会受到人们发自内心的尊敬。

如果一个人仅以一方面的特长去获得别人的友谊，这样的人其实是没有什么价值可言的。由于他不具备其他特长，或者不懂得如何来发挥其他方面的优点，他也就很难受到他人的尊敬。

因此，一个重要的处世原则就是，不论在任何时刻、任何境地，都要保持一种"稳重"的生活方式和处世态度。

那么，到底怎样才是具有稳重的态度呢？所谓具有稳重的态度，就是在待人接物中要保持一定的"威严"。当然，这种带有一定威严的态度与那种骄傲自大的态度是完全不同的，甚至可以说是与之完全相反。这种反差就如同鲁莽并不是勇敢的表现，乱开玩笑并不是机智一样。我们这样说，并无意去贬低那些具有骄傲自大态度的人，但是傲慢、自负的人确实很容易惹人生气，甚至让人嘲笑或轻蔑。

你可能同那些故意将物品价格抬高的商人打过交道吧！对待这样的商人，我想你也会绝不心软地把价格杀低，这与我们在对待喊价合理的商人的态度截然不同，对待后一类商人，我们是绝对不会刁难他们的。

同购物的情形类似，我们对待那种傲慢自负的人，要么会将他自我标榜的"价码"拉下来，要么轻蔑地看他一眼，然后离他而去。

一个具有稳重态度的人，是绝对不会随便向别人溜须拍马的；他也不会八面玲珑，四处去讨好他人；更不会去任意滋事造谣，在背后批评别人。具有这种态度的人，不仅会将自己的意见谨慎清楚地表达出来，而且还能平心静气地倾听和接受别人的意见。如此待人处世的态度，就可以说是一种具有稳重的威严感的态度。

这种稳重的威严感也可以从外在表现出来，即在表情或动作上表现出郑重其事的模样。当然如果你能在此基础上再加上生动的机智或高尚的气质这种内在的东西，就更能增进你的尊严感。相反，如果一个人凡事都采取一种嘻嘻哈哈，对任何事都无所谓的态度,在体态上总是摇摇晃晃,显得极不稳重,就会让人觉得你十分轻浮。如果一个人的外表看上去非常威严,但在实际行动上却草率之至,做事极不负责任,这样的人也仍然称不上是一个具有稳重态度的人。

小关心大温暖

离开别人的关心,我们能独立存在,获得幸福吗?不能。因为我们需要别人的关心与爱护。同样,他人也需要我们的关心与爱护。我们都应该学会关心他人。在关心他人的过程中,我们自己也会得到满足,并且还增进了人与人之间的友爱,为自己的事业和生活打下真挚的人际基础。我们关心亲人能够让家庭更加和睦幸福,我们关心朋友可以让友谊更加根深蒂固,我们关心下属和同事可以让工作顺利,事业如意。关心,让我们没花费多大成本,就能收益良多,适时地对需要关心的人,送上我们的关心,何乐而不为呢?

关心他人,我们首先要出于真诚。此外,我们也要讲究一定的方式方法:

先要弄清楚对方需要的是什么:是情感上受到伤害,需要心理安慰；还是事业上出现挫折，需要帮助？是身体有恙，需要慰问；还是倍感压力，需要鼓励？

有的人在受到伤害的时候，可能不太愿意别人去打扰他，去询问事情的原委，这个时候不妨用比较婉转的方式，比如写一封信让他知道你的关心，或是引导他把怨气发泄出来，然后再安慰他，这样也许会起到比较好的效果。而在病榻上的病人不仅需要精神慰藉，如果他是你的家人，他还需要你无微不至的照顾。如果是你的朋友，最好还是送上一束鲜花，说几句祝福的话，并给病人打气，让他有战胜病魔的信心，这就是最好的关心了。而如果他遇到了工作上或事业上的挫折，在可以伸出援手的时候一定要帮助他渡过难关，如果不能，就要在精神上为他加油，帮助他重拾信心，排除困难。

当然，也不是说一定要在对方情绪激动的时候去安慰。一个人的情绪处于失控的情况下，任何人的安慰都难以入耳，只能火上浇油，还是等他冷静下来，恢复了理智，再同他交谈为好。

有时，谎言不一定全是坏话。对于身患绝症的病人，只能把病情如实告诉其家属，而对其本人，仍应重病轻说。如果谎言唤起了他对生活的热爱，增强了他与病魔作斗争的意志，就有可能使生命延续得更长久，甚至战胜死神。

　　善良的谎言，其用心当然也是善良的，即为了减轻不幸者的精神痛苦，帮助其重振生活的勇气。当事人以后明白了真相，只会感激，不会埋怨。如果明知会加重对方的精神痛苦，仍要实话相告，即使不算坏话，也该算蠢话。

记住对方的名字

一位著名作家说:"记住人家的名字,而且很轻易地叫出来,等于给别人一个巧妙而有效的赞美。因为我很早就发现,人们把自己的姓名看得惊人的重要。"

与陌生人交往的过程中,如果一个并不熟悉的人能叫出自己的姓名,往往会使人产生一种亲切感和知己感;相反,如果见了几次面,对方还是叫不出你的名字,便会产生一种疏远感、陌生感,增加双方的心理隔阂。一位心理学家曾说:"在人们的心目中,唯有自己的姓名是最美好、最动听的东西。"许多事实也已经证实,在公关活动中,广记人名,有助于公关活动的展开,并助其成功。

美国前总统罗斯福在一次宴会上,看见席间坐着许多不认识的人,他找到一个熟悉的记者,从记者那里——打听清楚了那些人的姓名和基本情况,然后主动和他们接近,叫出他们的名字。当那些人知道这位平易近人、了解自己的人竟是著名政治家罗斯福时,大为感动。

以后,这些人都成了罗斯福竞选总统的支持者。

记住对方的名字,最好时而高呼出声,这不仅是起码的一种礼貌,更是交际场上值得推行的一个妙招。想一想,对于记住自己名字的人,我们怎不顿觉亲切,仿佛是老友相逢?这时,他来求我们什么事情,我们怎好不竭尽全力予以优先照顾呢?

在交往中,你一张口就高呼出对方的名字,会让对方为之一振,对你顿生景仰之意。就是原本不利的情势,也往往会因为你的这一高呼而顿时"化险为夷"。不言而喻,一个人对他自己的名字比对世界上所有的名字加起来还要感兴趣。

钢铁大王卡内基从小就认识了这一点。小时候,他曾经抓到一窝小兔子,但是没有东西喂它们。他就想出了一个绝妙的主意。他对周围的孩子们说:"你们谁能给兔子弄点吃的来,我就以你们的名字给小兔子命名。"这个方法太灵验了,卡内基一直忘不了。当卡内基为了卧车生意和乔治·普尔门竞争的时候,他又想起了这段往事。

当时，卡内基的中央交通公司正跟普尔门的公司争夺联合太平洋铁路公司的卧车生意，双方互不相让，大杀其价，使得卧车生意毫无利润可言。

后来，卡内基和普尔门都到纽约去拜访联合太平洋铁路公司的董事会。有一天晚上，他们在一家饭店碰头了。卡内基说："晚安，普尔门先生，我们别争了，再争下去岂不是出自己的洋相吗？"

"这话怎么讲？"普尔门问。

于是卡内基把自己早已考虑好的决定告诉他——把他们两家公司合并起来。他大谈合作的好处，普尔门注意地倾听着，但是没有完全接受。最后他问："这个新公司叫什么呢？"

卡内基毫不犹豫地说："当然叫普尔门皇宫卧车公司。"

普尔门的眼睛一亮，马上说："请到我的房间来，我们讨论一下。"

这次讨论翻开了工业史新的一页。

记住别人的名字，对他人来说，这是所有语言中最重要的。如果你想让人羡慕，请不要忘记这条准则："请记住别人的名字，名字对他来说，是全部词汇中最好的词。"熟记他人的名字吧，这会给你带来好运！在彼此不是很熟悉的情况下，有时见到对方，需要辨认、确定后才能喊出其名字。此时一定要注意，你的态度必须自然，不要露出正在辨认的神情，使对方察觉。尤其是对女性，对其仔细端详就更不妥了。

记住，如果你不重视别人的名字，又有谁会重视你的名字呢？如果有一天你把人们的名字全忘掉了，那么，你也很快就会被人们遗忘。

以友善争取信任

林肯在100多年以前说:"一滴蜜所捉的苍蝇,比一加仑毒汁所捉到的更多。"这是一句古老而真实的格言。对人也是如此,假如你想让别人赞同你的理由,首先要使他信任你是他的好朋友。捉住他心中的一滴蜜,那么也就是达到他的理智的大路。

假如你在愤怒之下,对别人发作一阵,你的气随之消失,心中也高兴了。但是别人会怎样呢?当你高兴时他能分享到一点吗?你那挑战的口气,敌意的态度,会使他容易赞同你的意见吗?

1915年,小洛克菲勒(石油大王的儿子)被科罗拉多州的人轻视着。美国工业史上流血大罢工,一直震荡该州有两年之久,愤怒凶狠的矿工要求科州煤铁公司提高工资,那家公司正是小洛克菲勒管理，公司的财产被破坏了，还请出军队来镇压，发生数起流血事件，罢工工人被击毙者甚众。

这种情势下，在充满了仇恨的空气里，小洛克菲勒打算让罢工的工人听从他的意见，而且他成功了。他是怎样做的呢？他先与他们交了几个星期的朋友，然后小洛克菲勒再对罢工运动的代表发表一篇演说。

这一篇演说词真是一件杰作，并且产生了惊人的效果，把工人们对小洛克菲勒的愤恨怒潮完全平息，同时使许多人都佩服了小洛克菲勒。那篇演说以友好的态度取得了很好的效果，使工人们都走回工厂去做工，绝不再提以他们的流血来争取增加工资的问题。

下面是那篇著名演说词的开头，请注意它的语句之间所流露出来的友爱。

"今天是在我一生中最值得纪念的日子，"小洛克菲勒开口说，"我这是第一次如此荣幸，得以与这个大工厂的职员代表、厂方的职员和监察们相见。老实说，我认为自己能来到这里非常光荣，并且我这一生永远记住了我们聚会的这一天。假使这次聚会在两星期之前举行，我站在这里简直是一个生人，我也只能认识你们少数的面孔。幸而我有机会到南煤区各帐篷都看一遍，并且同诸位代表，除了走的不算，都个别作了一次私人的谈话。拜访过你们的家庭，会见了你们的妻儿老小，我们今日在此相见已非陌生人，而都是朋友。本着这种友好互助的精神，我十分高兴有这个机会来和你们一齐讨论我们的利益。

不过这次聚会主角是厂方职员和工人们的代表，我能来到这里完全是蒙你们的厚爱，因为我既非职员又不是代表，然而我却觉得我与你们的关系很密切，因为我来是代表工厂的股东和董事的。"

这段演说词，不是一个化敌人为朋友的手段极优美的例子吗？

假设小洛克菲勒用另一种方式，假设他同矿工们争辩，用可怕的事实恫吓他们，假设他暗示他们的错误或引用逻辑学定理证明他们确实是错误了，结局将怎样呢？恐怕只会更激起愤怒，仇恨和暴动而已。

假如一个人的心理和你有冲突，对你无好感，你就是搬出所有的逻辑学来，也不能使他赞同你的意见。好责骂的父母和惯于作威作福的上司，都应当知道别人没有愿意改变心意的。

人们不会被迫赞同你的意见。但假如我们很和蔼很谦逊地诱导他们，倒可使他们赞同。

美国总统威尔逊说过："假如你握紧两只拳头来找我，我想我可以告诉你，我会把拳头握得更紧，但假如你找我来，说道：'让我们坐下商议一番，假如我们之间有意见不同之处，想看看原因何在，主要的症结是什么？'我们会觉得彼此的意见相去并不十分远。我们的意见不同之点少，相同之点多，并且只需彼此有耐性、诚意和愿望去接近，我们是不难完全相投合的。"

商人们懂得以友好的态度对待罢工者是最上算的，举个例，当怀特汽车公司2 500名工人因要求增加工资而罢工时，经理勃莱克并不曾震怒、痛斥、威吓或说是共产党的鼓动。事实上他反而夸奖工人。他在克里夫兰各报纸上登一段广告，庆贺他们"放下工具的和平方法"，看见罢工纠察队没有事做，他买了很多棒球及球棒，让工人们玩。

勃莱克经理这种柔和的态度所获得的成功是，那些罢工的工人借来了很多扫帚、锹、垃圾车，开始打扫工厂周围的乱纸、火柴棍、纸烟及雪茄尾巴。为争工资及承认工会罢工的工人们却开始在工厂的周围作扫除运动，这种情形在美国劳工斗争史上实未有之前闻。那次罢工在一周内圆满解决，双方毫未发生恶感或怨恨。

韦伯斯特大律师的样子像一位尊神,说起话一半像耶和华。他是一位最成功的律师,可是从来也不争辩,在提出他自己有力的意见时,只是用极其和平的言语如:"这将要请见证人所考虑""这或许很值得细想一想,诸君""诸位,我相信这几件事实你们是不会遗忘的",或者说"诸位都是有天性常识,你们很容易看出这几件事实的重要性"。

绝不用恐吓,不用高压的手段,绝不想强迫别人相信他的意见。韦伯斯特用的是柔和的说话法,安静友爱地接近,于是享有盛名。

有一个关于风和太阳的寓言。风和太阳争执谁的力量大,风说道:"我能证明我的力量大,看,地下正走着一个身披大衣的老者,我能比你更快地使他把大衣脱掉。"

于是太阳躲进乌云里,风使出他的威力狂吹,但是风吹得愈大,那老者愈用手拉紧他的大衣。

最后风筋疲力尽了,停止了。太阳从云彩里走出来,开始对着那老者和气地笑。不久那老者便用手拭他前额的汗并将大衣脱去。于是太阳对风说道:"仁慈和友善永远比愤怒和强暴更为有力。"

这是个有趣的寓言，但愿也能给你一些深刻的启示。

你也许永远不会被请去调解罢工或对着法庭见证人们演说，但是你也许需要把你的房租减低点。这种友爱的与人接近法可以帮你的忙吗？让我们看看吧。

第六章

套近乎,把陌生人变成自己人

无论是工作还是生活中，我们会遇到许许多多的陌生人，陌生人之间见面往往很拘束，甚至在全是陌生人的交际场合也显得比较尴尬。在这样的情况下，我们要学会套近乎，可以根据地点、时间等找话题，多站在别人的立场上来说话，多说我们缩短彼此间的距离等，这样才会让别人觉得舒服，对你有好感，也会让陌生人变成自己人。

没话找话，吸引对方的注意力

有很多人都有这种想法：跟一个陌生人说话，如果他能回应还好说，如果不理会的话该多丢人啊！可能，他会笑话我的！或者，他会不会以为我有不良企图啊……其实，这些都是我们多想了，跟陌生人说话远没有这么复杂。专家曾经做过调查，证实我们主动与陌生人说话时，对方通常表现出友好的态度，总体成功率在80%以上。

结交陌生人除了要有勇气外，还需要一定的技巧，就像前面我们讲述的那样，"引起好奇""攀亲认友""投其所好"等等。但是，有时因为各种原因我们可能想不到该使用哪一种方法跟陌生交谈，这时，我们就可以"没话找话"，先引起对方的注意，然后再根据情况找到双方共同的话题。

张力明在一家公司做销售，因为是第一次做这行，经验不够，所以业绩很差。其实他也明白，自己的性格有点内向，面对陌生人时不知道如何跟他们交谈，业绩差是情理之中的事。为此，他看了不少书，专门研究怎样跟陌生打交道。

几天以后，张力明出差住在一家旅店，亲眼目睹了一场结交陌生人的活剧：一个先他而住的人已悠闲地躺在床上欣赏电视节目，后来又有几个人住进来。

其中有一个人放下旅行包，稍拭风尘，冲了一杯浓茶，然后环顾了一下，目光落到了先来的人身上："师傅来了好久了？""哦，我是最先住进来的，不过也只比你们早了一刻钟。""听口音是山东人啊？""噢，山东枣庄人！""啊，枣庄是个好地方啊！我在读小学时就在《铁道游击队》连环画上知道了。三年前我因为生意上的事还去了一趟枣庄呢。"

听了这话，那位枣庄客人马上来了兴趣，二人从枣庄和铁道游击队谈开了，那亲热，不知底细的人恐怕要以为他们是一道来的呢。接着就是互赠名片，一起进餐，睡觉前双方居然还在各自身边带来的合同上签了字：枣庄客人订了苏南某人造革厂的一批风桶；苏南客人从枣庄客人那里弄到一批价格比较合理的议价煤。

张力明有些惊讶：人与人之间从陌生到熟悉就是这样简单

啊！看来，我之前对陌生人的一些想法真是太多余了。

的确，那两个人从相识到交谈与成功，只是因为一个人没话找话，继而引出了"枣庄""铁道游击队"这个都熟悉的共同点。

"没话找话"说起来也算是一个小技巧，它还有一个学名，叫"搭讪"，即主动和陌生人交流，北京话叫"套瓷"。搭讪的人，有机会把陌生人变成自己的朋友；而不搭讪的人，在受了传统社会僵化思维的影响，把"搭讪"这个结合了勇气和良好沟通能力的行为给妖魔化后，却永远只能停留在无尽的懊悔之中。

搭讪是考验一个人沟通技巧和整体修养的最好试练。一次成功的搭讪中蕴含着智慧和勇气，那也是一门艺术。

有一家公司要招聘一名经理，在应聘者之中，有两个人的表现非常好，公司有意从他们中间聘请一位。在等待结果的时候，一个应聘者并没有安静地坐下来，而是走到前台跟一位小姐搭讪，说了一会儿话。那位小姐跟他说了一些公司的事。

当两个应聘者再次坐到面试官前面的时候，那个跑去跟前台搭讪的人根据自己掌握的情况对公司提出了一些新的看法并说了几点建议。

结果可想而知,那个提出了新的看法并说出建议的人被聘用了。

没话找话总比无话可说要强得多,至少可以给双方一个机会,而无话可说根本没有机会,相较而言,结交陌生人,我们至少要给自己一次机会。

多说"我们"缩短彼此间距离

曾经有过一位心理学家,做了一项有名的实验,就是选编了三个小团体,并且分派三人饰演专制型、放任型、民主型的三位领导人,然后对这三个团体进行意识调查。结果,领导人饰演民主型的这个团体,表现了最强烈的同伴意识。其中最有趣的,就是这个团体中的成员大都使用"我们"一词来说话。

经常听演讲的人,大概都有过这样的经验,就是演讲者说"我这么想……",不如说"我们是否应该这样"更能使你觉得和对方的距离接近。因为"我们"这个字眼儿,也就是要表现"你也参与其中"的意思,所以会令对方心中产生一种参与意识。按照心理学的说法,这种情形是"卷入效果"。

小孩子在玩耍时,经常会说"这是我的东西"或"我要这样做",这种说法是因为小孩子的自我表现欲都是很直接所造成的。但有时在成人世界中，也会出现如此说法，这种人大多无法给对方留下好印象，导致在人际关系方面受阻，甚至在自己所属的团体中陷入被孤立的尴尬局面。

人心是很微妙的，同样是与人交谈，但有的说话方式会令对方反感，而有的说话方式却会令对方不由自主地产生好感。因此，若想让自己表现得更好，打造圆满的人际关系，就应善加利用这种"卷入效果"。

在人际交往中，"我"字讲得太多并过分强调，会给人突出自我、标榜自我的印象，这会在对方与你之间筑起一道防线，形成障碍，影响别人对你的认同。与人说话时，不妨把"我"改为"我们"，这不仅对你来说没有任何损失，而且会让你获得对方的好感，从而增进彼此的关系。

获得对方好感的说话技巧

一般来说，获得对方好感的说话技巧有以下几点。

1.多提一些善意的建议

当他人关心自己时，只要这份关心不会伤到自己，一般人往往不会拒绝。尤其是能满足自尊心的关怀，往往立即转化为对关怀者的好感。

满足他人自尊心最佳的方法是善意的建议。对方是女性时，仅说："你的发型很美"，只不过是句单纯的赞美词；若是说："稍微剪短点，看起来会更可爱"，对方定能感受到对自己的关心。若是能不断地表示出此种关心，对方对你必然更加亲切信任。

2.偶尔暴露自己一两个小缺点

每当百货公司举办"瑕疵品贱卖会"，必然造成汹涌的盛况,甚至连大拍卖也比不上它的吸引力。为什么"瑕疵品"能如此地激起人们的购买欲呢?这可说是百货公司敢于表示商品具有瑕疵的缘故。

之所以如此说,是因为坦率地暴露缺点,反而使一般民众对该公司正直、诚实的作风留下深刻的印象,而此种诚实、正直往往转变成民众对其商品的信赖,自然公司也就大受其益了。

只是暴露自己的缺点并不是毫不保留地将所有的缺点都暴露出来,如此做,反而使人认为你是个毫无可取之处的人,因而丧失了对你的信任。

暴露的缺点只要一两个就可以了,可使他人难以将这一两个缺点和其他部分联想在一起,因而产生其他部分毫无缺点的感觉。"这个人有点小缺点,但是其他方面挑不出毛病来,是个相当不错的人!"类似上述的想法就能深深植入他人的心中。

3.要记住对方所说的话

某位心理学家应邀至地方上演讲时,不料主办者之一却问他:"请问先生的专长是什么?"他颇为不高兴地回答:"你请我来演讲,还问我的专长是什么?"

招待他人或是主动邀约他人见面，事先多少都应该先收集对方的资料，此乃一种礼貌。换句话说，表现自己相当关心对方，必然能赢得对方的好感。

记住对方说过的话，事后再提出来做话题，也是表示关心的做法之一。尤其是兴趣、嗜好、梦想等事，对对方来说，是最重要、最有趣的事情，一旦提出来作为话题，对方一定会觉得很愉快。

在面试时，不妨引用主考官说过的话，定能使主考官对你另眼相看。

4.及时发觉对方微小变化

依我来看，一般做丈夫的都不擅长对妻子表现自己的关心。比方说，妻子上美容院改变发型后，明明觉得"看起来年轻多了"，却不说出口。因而使妻子心里不满，觉得丈夫不关心自己。

不论是谁，都渴求拥有他人的关心。而对于关心自己的人，一般都具有好感。因而，若想获得对方的好感，首先必须先积极地表示出自己的关心。只要一发现对方的服饰或使用物品有些微小的改变，不要吝惜你的言辞，立即告诉对方。例如，同事打了条新领带时，"新领带吧！在哪儿买的？"像这样表示自己的关心,绝没有人会因此觉得不高兴。

另外,指出对方与往日不同的变化时,愈是细微、不轻易发现的变化,使对方高兴的效果愈大。不仅使对方感受到你的关注也感受到你的关怀,转瞬间,你们之间的关系就会远比以前更亲密可信。

5.呼叫对方名字

欧美人在说话时,常说"来杯咖啡好吗?史密斯先生","关于这一点,你的想法如何?史密斯先生",频频将对方的名字挂在嘴边。很令人不可思议的是,此种作风往往使对方涌起一股亲密感,宛如彼此早已相交多年。其中一个原因就是,他感受到对方已经认可自己了。

在我们的社会里,晚辈直接呼叫长辈的名字,是种不礼貌的行为。但是,借着频频呼叫对方的名字,来增进彼此的亲密感,并不是百无一利的方法啊。

6.提供对方关心的"情报"

我有位朋友有个奇怪的习惯,总是在他人名片的背面写上密密麻麻的记事。

与其说他是为了整理人际资料或是不忘记对方,倒不如说是为了下一次见面做准备。也就是说,将对方感兴趣的事物记录下来，再度见面时，自己就可提供对方关心的情报作为礼物。

即使只是见过一次面的人，若能记住对方的兴趣，比方说是钓鱼吧！在第二次、第三次见面时，不断地提供这方面的知识或是趣事，借此显示自己对于对方的兴趣很关心，结果，必然使对方产生很大的好感。

或许有些人会认为此种做法太过于功利主义，可事实绝非如此。此种做法的确出于对对方的关心，而去收集种种的"情报"。借着经常保持此种姿态，结果必然能将一般通用的话题化为己身之物。换句话说，以长远的目标来衡量，此种做法能成为表现自我的有力武器，延续对方对自己的好感和信任。

场面话，会说更要会听

生命不会从谎言中开出灿烂的鲜花，但说些无伤大雅的场面话却是在这个复杂多变的社会中生存下去的必要之举。一个人不可能完完全全地在别人面前表现出最真诚的一面，正如一个人不能把别人说过的每一句话都信以为真一样。场面话，往往是可说不可信的，一旦你违背了这条原则，善良便会退化为愚钝，真诚也会导致自欺欺人的结果。

张文在一单位任职，十几年没有升迁。一次偶然的机会，他和朋友一起在饭局上见到某单位主管人事的干部。在谈话间，这位主管透露说自己的单位有一个空缺，让张文的朋友帮忙看能不能找个人。朋友借机引荐了张文。

那位主管表现得非常热情，并且当面应允，拍胸脯说："没问题！"

张文高高兴兴地回去等消息,谁知半个月、一个月、两个月过去了,一点儿消息也没有。他打电话过去,对方不是不在就是正在开会;问朋友,朋友告诉他,那个位子已经有人捷足先登了。

他很气愤地问朋友:"那他又为什么对我拍胸脯说没有问题?"他的朋友也不知该如何回答才好。

事实上,那位主管只不过说了一句应一时之景的"场面话",而张文却天真地相信了这些话。在人性丛林里,人往往会呈现他的多面性,就拿其中最常见的两面——善恶来说,在不同的时空下,善与恶会因不同的情境而以不同的面貌出现。也就是说,本性"恶"的人,在某些状况之下也会出现"善"的一面;本性属"善"的人,也会因为某些状况的引动、催化而出现"恶"的一面。而何时"善"、何时"恶",甚至当事人自己有时也无法预测及掌握。所以,当萍水相逢之人在你面前作出许诺时,不能被别人这一时的"善"意冲昏了头脑,应保持理智,让自己回到真实的生活轨道上来。

其实张文应该通过察颜观色了解一下对方的真实心意。比如,他可以问一下自己什么时候可以过去跟这位主管面谈。如果主管说出具体的日期,则说明主管"拍胸脯"打包票是真的，否则，不过是为了应付他。

对于拍胸脯答应的"场面话"，你只能保留态度，以免希望越大，失望也越大；只能姑且信之，因为人心无法预测，你既然猜不出别人的真心，就只好抱持最坏的打算。要知道对方说的是不是场面话也不难，事后求证几次，如果对方言辞闪烁、虚与委蛇，或避而不见、避谈主题，那么对方说的就是"场面话"了！

此外，在人际往来中，对于别人称赞或恭维的"场面话"，你尤其要保持冷静和客观，千万别因别人的两句好话就乐昏了头，因为他说的那些话很可能是出于别有用心而为之，你如果听了他的话，就会被他所蒙蔽，影响到你对他的真实意图的判断，从而不利于你的交往甚至是危害到你的事业。

交际中，我们作为场面中人，适时地说场面话是不可避免的，要做到掂着对方的心理说，顺着对方的感情说，摸着对方的好恶说。世上有"顺情好说话，耿直讨人嫌"之说，对方爱什么恨什么，喜欢什么反对什么，都弄清了，说话也就有了方向，有了目标，有了依据。有时，要让对方答应某一请求，直说不行，委婉地说反而成功了；正说不行，反说却成功了。而人们办事主要顾及的是目的，而不是怎么说，只要能达到目的，怎么说有效就怎么说。所以，会说是非常重要的。而"花言巧语"正是会说的表现，只要不过分，不讨人嫌恶，就会通过它办成许多事。

同时，我们也要注意到，别人在说场面话时，哪一句是真，哪一句是假；哪一句是客套，哪一句是恭维；哪一句是言在此，意在彼；哪一句是别有用心，另有所图。只有这样，我们才能在人际交往中不为别人的花言巧语所骗，不为别人的信誓旦旦所蒙蔽。

敢于张口，善于言辞

有人在与陌生人谈话时，有一种恐惧感，消除的方法是：

1. 说话前先做深呼吸。这样可以缓和心跳速度，也可以减少焦虑。

2. 留意一下你周围的东西。要讲话之前，先摆好大纲，整理一下讲桌，这样你就不会太注意自己。

3. 要成竹在胸。你只要想象自己会成功，那你可能就真的成功。

4. 说话之前，避免喝咖啡或茶之类的刺激物。这些东西只会使你更紧张。

5. 对你要接触的人先要有所了解。你若去求职面试，就该先了解公司的一些基本情况。如果你是要跟某人约会，就要先找出对方的兴趣所在。比如，对方爱看棒球，你就买两张票邀他去看。他看得愉快，你也比较敢道出你心里的话。

此外，你是否有过这样的体验：在陌生人面前，总感到口讷言拙，讲起话来结结巴巴。在人多的场合，常觉得手足无措，原来准备好的词句也"不翼而飞"。看着别人侃侃而谈，口若悬河时，你一定非常羡慕吧？其实，讲话的技巧是可以学会的。只要做一个有心人，从以下几方面加以锻炼，你也会成为一个善于言辞的人。

1. 要有充分的准备。如果你在讲话时对所要讲的内容没有认真考虑过，你肯定会感到无话可说，即使说起来也不会流畅自如。因此，必须在讲话之前有充分的准备，或者写成提纲，或者默诵、试讲。你对讲话的内容愈熟悉，你就愈能讲得好。

2. 学会对话方法。从心理学角度看，口头语有对话言语（聊天、座谈、辩论、质疑等）与独自言语（报告、演讲、讲课等）之分。一般说来，后者的要求更高，并且是以前者为基础的。我们首先必须学会对话言语的方法，与别人很好地交流思想，才能在听众较多时有较好的效果。在与别人谈话时，要耐心倾听别人的意见，不可随便插话或打断别人的话头，要"察言观色"，注意对方的姿势、表情和态度，要分析对方讲话的得失，吸取其优点，舍弃其缺点。同时，你自己的讲话要含义明确,态度诚恳,要注意对方的反应。当对方显出厌倦或注意力涣散时,就要停止讲话。

3. 勇于勤讲多练。言辞表达的才能并不是天生的,而是在环境的影响下,通过个人的实际锻炼逐步发展的。因此,我们要克服害羞、胆怯的心理,在生人面前或人多的场合,要争取讲话的机会,勇敢地发表自己的意见。虽然开始时不一定会成功,甚至会遭到别人的笑语,但你不要介意,而要认真分析自己讲话失败的原因,勤讲多练,不断改进。

学会让眼睛来说话

在我们初次结识新朋友的时候，也许一时拿不定主意先说些什么。是一见如故，无所不谈，还是审慎观察，然后启齿；是热情洋溢，还是不即不离、不卑不亢？在我们的脑子里正在思考、有待抉择之前，不妨让眼睛和表情先"说话"。

无论如何，当我们面对陌生人，在完全不了解对方的情况下，首先应该从理智出发，用起码的礼貌接待。自然，握手是习惯的方式。不管和对方是轻轻相握还是紧紧相握，眼睛决定着握手的性质。也就是说，目光才能表达正确的含义。

试想这样的场面，你伸出手，和对方紧紧地握在一起，目光却盯着别处，对方一定会认为你毫无诚意。如果你的眼睛从对方的头顶射过去，那就更为不妙，会让人理解为你清高或傲慢。要是你握手时目光落在脚面上，那么，对方一定会犯糊涂，搞不清楚你在想什么。因此，当我们开口寒暄之前，务必要使你的眼睛密切地注视着对方的眼睛和脸。

目光和蔼真挚地投射，充分地让对方感到你的尊重、宽容和教养有素。

人们赞美蒙娜丽莎的微笑，说她具有永恒的魅力。那么，她的魅力究竟在哪儿？丰满的前胸，圆润的下巴，飘逸的头发，还是一再被称道的欲开欲合的嘴角？其实，蒙塔丽莎微笑的魅力，关键在于那双似喜非喜、似嗔非嗔的眼睛。那里流露出来的是人类普遍追求的亲切感，让人感到愉悦。蒙塔丽莎毕竟只是一张画。她永远不会开口，谁也不能知道她会说些什么。然而，她的微笑，她的眼神和表情却一直在不停地"说话"。

投其所好，攻心为上

某文艺编辑曾讲过一个故事。他邀一位名作家写稿。该作家非常难合作，各报社的编辑都对他大伤脑筋。因此，这个编辑在见面前也相当紧张。果不出所料，一见面他们就谈不拢。作家一味说："是吗……""也许是吧？""这我还真不清楚。"如此这样谈话，使得这位编辑很是头痛。于是他换了个话题，和作家闲聊起来。他把几天前在一本杂志上看到的有关该作家作品近况的报道搬出来，说："您的大作最近要翻译成英文，在美国出版了？"作家见对方如此关心自己，就很感兴趣地听下去。编辑又说："您的写作风格能否用英文表现出来？"作家说："就是这点令我担心……"他们就在这种融洽的气氛中继续谈了下去。本来已不抱希望的编辑，此时又恢复了自信，最终获得了作家的应允，答应写稿。

没有人会喜欢一个谈话时只讲他自己，而不关心对方的人。人们只愿意和那些与自己有共同话题的人交往。

耶鲁大学文学教授威廉莱亚·惠勒普斯，在《人性》这篇论文中这样叙述："我在六岁那年，有一个星期六去斯托拉多姨妈家度周末。记得傍晚时分，来了一个中年男子。他先和姨妈嘻嘻哈哈谈了好一会儿，然后便走到我面前和我说话。当时我正迷上小船，整天抱着小船爱不释手地玩。以为他只是随便和我聊几句，没想到他对我说的全是有关小船的事。等他走了以后，我还念念不忘，对姨妈说：'那位先生真了不起，他懂得许多关于小船的事，很少有人会那么喜欢小船。'姨妈笑着告诉我，那位客人是纽约的一位律师，他对小船根本没有研究。我不解地问：'为什么他说的话都和小船有关呢？''那是因为他是一位有礼貌的绅士。他想和你做朋友，知道你喜欢小船，所以专门挑你喜欢的话题和你说。'姨妈笑着告诉我其中的道理。"

还有个例子：周末，许多青年男女伫立街头。他们中间有不少人是等待情侣相会的。这时有两个擦鞋童，正高声叫喊着以招徕顾客。其中一个说："请坐，我为您擦擦皮鞋吧，又光又亮。"另一个却说："约会前，请先擦一下皮鞋吧？"

结果，前一个擦鞋童摊前的顾客寥寥无几，而后一个擦鞋童的喊声却收到了意想不到的效果。一个个青年男女都纷纷要他擦鞋。这究竟是什么原因呢？

　　第一个擦鞋童的话，尽管礼貌、热情，并且附带着质量上的保证，但这与此刻青年男女们的心理差距甚远。因为，在黄昏时刻破费钱财去"买"个"又光又亮"，显然没有多少必要。人们从这儿听出的印象是"为擦鞋而擦鞋"的意思。而第二个擦鞋童的话就与此刻青年男女们的心理非常吻合。"月上柳梢头，人约黄昏后。"在这充满温情的时刻，谁不愿意以清清爽爽、大大方方的形象出现在自己心爱的人面前？一句"约会前，请先擦一下皮鞋吧！"真是说到了青年男女的心坎上。可见，这位聪明的擦鞋童，正是传送着"为约会而擦鞋"的温情爱意。一句"为约会而擦鞋"一下子抓住了顾客的心，因而大获成功。

第七章

制造心动，瞬间打动陌生人的心

朋友有限，陌生人无限，在一座城市之中，我们都为自己的生活努力着，俗话说"多个朋友多条路"，我们只有在朋友圈里不断地添加陌生人，才能获得更多的朋友。有时候，遇到你不认识的人，你一句小小的赞美就能打动对方的心。在人际关系中，多赞美别人，多替他人着想，能让你赢得别人的好感，瞬间打动陌生人的心。

顺情说好话，耿直讨人嫌

人们常对顺情说好话的人不耻，认为顺情说好话的人不真实，很虚伪。其实不然，有谁不愿听顺耳的话？为什么不能说让人感觉舒服的话？

大多数人都喜欢听好话，希望受到别人的赞赏，这是人之常情。但会为人处世的人，即使觉得某人干得不好，也不会直言相对。

而有的人过于感情用事，容易不在乎对方的情感，往往会在表达中带有伤害感情的语言。比如"你为什么不给我回电话？""为什么不跟我妈打招呼？"这样的话让对方下不来台；

"你累了？怎么有气无力的？""你不满意了？怎么脸拉得这样长？"对方已经不高兴了，这样说会更不高兴；

"你那真难看!""谁像你那样小气?"这样的直爽会让人受不了;

"你是不是病了?""你那病好了吗?"有病的人往往怕人家说自己有病,也怕人家提自己的病,尤其是有些难言之隐的病。

在南朝时,齐高帝对书法非常感兴趣,曾与当时的书法家王僧虔一起研习书法。有一次,高帝突然问王僧虔说:"你和我比,谁的字更好?"

这问题比较难回答,说高帝的字比自己的好,是违心之言;说高帝的字不如自己,又会使高帝的面子搁不住,弄不好还会将君臣之间的关系弄得很糟糕。

王僧虔的回答很巧妙:"我的字臣中最好,您的字君中最好。"

历朝历代皇帝就那么几个,而臣子却不计其数,王僧虔的言外之意是很清楚的。

高帝领悟了其中的言外之意,哈哈一笑,也就作罢,不再提这事了。

在许多场合,有一些话不好直说,也不能直说,更无法明说,于是,旁敲侧击绕道迂回,就成为我们所要采用的最明智的方法。

要记住"顺情说好话,耿直讨人嫌"。中国有句古话叫"不看你说的是什么,只看你是怎么说的"。也就是说,不同的人有不同的说法,不同的说法有不同的效果。与人交流时,不要以为内心真诚便可以不拘言语,我们还要学会委婉、艺术地表达自己的想法。一句话到底应该怎么说,其实很简单,你只要设身处地从他人的角度想想就明白了。

背后说好话,远比当面恭维好

《红楼梦》中有这么一段描写:史湘云、薛宝钗劝贾宝玉做官为宦,贾宝玉大为反感,对着史湘云和袭人赞美林黛玉说:"林姑娘从来没有说过这些混账话!要是她说这些混账话,我早和她生分了。"

凑巧这时黛玉正来到窗外,无意中听见贾宝玉说自己的好话,"不觉又惊又喜,又悲又叹"。结果宝黛两人互诉肺腑,感情大增。

倘若宝玉当着黛玉的面说这番话,好猜疑、使小性子的林黛玉可能就认为宝玉是在打趣她或想讨好她。

背后说别人的好话,远比当面恭维别人说好话,效果要明显好得多。我们在背后说他人的好话,是很容易传到对方耳朵里去的。

我们当面说人家的好话，对方会以为我们是在奉承他，讨好他。当我们的好话是在背后说时，别人会认为我们是出于真诚的，是真心说他的好话，人家才会领情，并感激我们。

有一位职员与同事们闲谈时，随意说了上司几句好话："赵总这人真不错，处事比较公正，对我的帮助很大，能够为这样的人做事，真是一种幸运。"这几句话很快就传到了赵总的耳朵里，赵总心里不由得有些欣慰和感激。而那位职员的形象，也在赵总心里上升了。

我们在背后说别人好话时，会被人认为是发自内心、不带私人动机的。其好处除了能给更多的人以榜样的激励作用外，还能使被说者在听到别人"传播"过来的好话后，更感到这种赞扬的真诚，从而在荣誉感获得满足时，还增强了上进心和对说好话者的信任感。

把握尺度，赞美如煲汤讲火候

赞美别人时如不审时度势，不掌握一定的技巧，即使你是真诚的，也会变好事为坏事。就像你本来用很昂贵的原料煲了一锅汤，但是如果火候掌握得不好，那么再好的原材料也不会煲出味道鲜美的汤。只有火候掌握得好，赞美才会散发出最浓郁的香味。

特别是在赞美上级的时候，更需要掌握赞美的火候。我们赞美身边的普通人，即使话语不得体也没有太大的关系，别人也不会把你怎么样。但是当我们赞美上级的时候，如果火候拿捏得不好，那么后果可能就会很严重了，也许你一辈子都会郁郁不得志；如果赞美得恰如其分，说不定就会使你加官晋爵。

一次，在镇压太平军的行营中，曾国藩用完晚饭后与几位幕僚闲谈，评论当今英雄。他说："彭玉麟、李鸿章都是大才,为我所不及。我可自许者,只是生平不好谀耳。"

一个幕僚说:"各有所长:彭公威猛,人不敢欺;李公精敏,人不能欺。"说到这里,他说不下去了。曾国藩问:"你们以为怎么样?"

众人皆低首沉思,忽然走出一个管抄写的后生来,插话道:"曾帅仁德,人不忍欺。"人人听了齐拍手。

曾国藩十分得意地说:"不敢当,不敢当。"后生告退后曾氏问:"此是何人?"

幕僚告诉曾国藩:"此人是扬州人,入过学,秀才,家贫,为事还谨慎。"

曾国藩听后就说:"此人有大才,不可埋没。"不久,曾国藩升任两江总督,就派这位后生去扬州任盐运使了。

赞美别人,掌握尺度是最关键的。所以,赞美就像煲汤,火候很重要。在你开口赞美别人的时候,一定要遵循以下法则。

1.真心诚意地赞美

每个人都珍视真心诚意,它是人际交往中最重要的原则。英国专门研究社会关系的卡斯利博士曾说过:"大多数人选择朋友都是以对方是否真诚而决定的。"

2.讲究场合,合乎时宜

赞美的效果在于相机行事、适可而止。当别人计划做一件有意义的事时,开头的赞扬能激励他下决心做出成绩,中间的赞扬有益于对方再接再厉,结尾的赞扬则可以肯定成绩,指出进一步的努力方向,而达到"赞扬一个,激励一批"的效果。

3.具有特点

人的素质有高低之分,年龄有长幼之别,因人而异、突出个性、有特点的赞美比一般化的赞美能收到更好的效果。

4.赞美一个人的行为或贡献比赞美他本人好

当你赞美一个人的行为或贡献时,你的赞许更显得真诚,而且,如果别人知道他的确值得被赞美,会获得最好的效果。赞美行为比赞美本人更可以避免功利主义或偏见。

5.翔实具体

在日常生活中,人们有非常显著成绩的时候并不多见。因此,交往应从具体的事件入手,善于发现别人哪怕是最微小的长处,并不失时机地予以赞美。赞美用语愈翔实具体,说明你对对方愈了解,对他的长处和成绩愈看重。

世间没有绝对的对错好坏,凡事能够把分寸拿捏得好,就是一种智慧。在夸赞别人这个问题上同样存在分寸拿捏不同、后果也不同的现象。如果赞美得当，那就是一种美德，但是不得当的赞美成为阿谀，难免遭人轻视。所以，把握赞美的分寸十分重要。

赞美能赢得友谊。赞美如花香，芬芳而怡人，能以赞美之言予人者，必得人缘，所以和人相处，最重要的就是赞美。基督教唱赞美诗，佛教唱炉香赞，说明神、佛也要人赞美，何况一般人呢？尤其当一个人灰心的时候，一句鼓励的话，能令他绝处逢生；当别人失望的时候，一句赞美的话，能使他重见光明。要想获得友谊，诚心地赞美别人，必定能如愿。

做人要"日行一善"，其实日行一善并不难，赞美别人也是一善。但赞美不同于阿谀，阿谀是一种虚伪的奉承，所谓"好阿谀则是非之心起"，所以做人宁容谏诤之友，勿交阿谀之人，被人批评不可怕，受人阿谀才可畏。有的人赞美不当，成了逢迎拍马、阿谀奉承，也会受人轻视，因此做人不要阿谀谄媚，也要避免不当的赞美。

赞美和阿谀最大的区别在于出发点的不同。赞美一般是符合客观实际情况的，而阿谀往往是夸大其词。在日常交际中，要多一些真心诚意的赞美，少一些阿谀，这样最终会给你带来好名声。

多替对方着想,感动他的催泪剂

古语所谓"人不为己,天诛地灭",表现的是人的本性,并非精妙的为人处事原则;真正成功的为人处事原则,是尽可能地为对方着想。我们可以想一想,如果每一个人只顾自己,那么人与人之间的关系就会变得很恶劣而无法进行下去。"退一步海阔天空",如果我们能为对方着想,关系就会十分融洽。

有一名图书公司的销售人员,每次与顾客谈话时总是先从对方的角度考虑,然后再从容不迫、平心静气地提出顾客会遇到什么问题,用什么方式来解决。

"如果我送给您一套有关个人效率的书籍,您打开书发现内容十分有趣,您会读一读吗?""如果您读了之后非常喜欢这套书,您会买下吗?""如果您没有发现其中的乐趣,您把书重新塞进这个包里给我寄回,行吗?"

这位销售员的开场白简单明了，都是站在客户的角度提出问题，使客户几乎找不出说"不"的理由。

美国人际沟通专家卡内基认为，多为别人着想，不仅能使自己不再忧虑，也能帮助自己结交很多朋友。

初次见面的人跟我们之间有着很大的距离，如果我们多为对方着想，设身处地地考虑他的各种问题，那么，对方就会认为我们是值得信赖的人，也因此会把内心深处的想法说给我们听。比如，对方是一个医生，我们就要考虑到，他们每天面对有着各种各样病痛的患者，而且还要看着一个活生生的人如何痛苦地死，他们的心情一定很难受，需要我们去理解、去帮助他们。或者对方是一个销售人员，那么他一定为公司的业绩而努力、操心，必然承担着很大的压力。我们跟他沟通时多讲一些减轻他们压力的话，他们没有理由会拒绝我们。

为对方着想，才能赢得他的信任；为对方着想，才能赢得他的尊重；为对方着想，才能赢得他的真诚与友谊。一个常常只为自己利益着想的人，几乎是不可能赢得别人的尊重和友谊的。

巴西曾经有一位总统深得民心，当民众在接受采访时说："我们之所以极力认同这样一位总统，就是因为他是一个时刻为老百姓着想的政府官员。我们老百姓日夜盼望的，也正是这样一位国家领袖。"

而这位国家领袖是怎样看待自己的呢？他这样说："他们说得一点没错，我的确是一个喜欢为别人着想的人。小时候，我时常为兄弟姐妹着想，什么事情都让着他们；同时也为父母着想，尽可能不给他们添麻烦，为了减轻他们的负担，我很小的时候就学会自食其力，利用假期赚学费；长大以后，我在政府部门工作，我常常为老百姓着想，透过减低税收等方式减轻他们的负担。他们说选我当总统是因为我时刻想着为老百姓谋利，我非常高兴。"

巴西的这位总统多么让人敬佩，因为他时刻为他人着想，受到巴西人民的爱戴。这充分说明了，为他人着想就是给自己提供走向成功的良机。

所以，面对陌生人，我们不要光说一些自己的话题，光说一些自己的想法，这样别人还以为我们是很自私的、难相处的。而我们为对方着想，就会给他留下细心、体贴、善解人意的好印象，我们不光会交到他这个朋友，有时甚至发生让我们惊喜的事。

在一个特别炎热的夏天，美国耶鲁大学威廉·李昂·费尔普教授走进一家餐馆吃饭，挤满人的餐馆像个疯人院，服务非常慢，等到那个侍者终于把菜单交给他的时候，他说："那些在热得要死的厨房中做菜的人，今天一定苦极了。你们在这样一种环境中工作也一定很累吧？"

谁知侍者听完教授的话居然骂了起来，声音充满了怨恨。

起先，费尔普教授以为侍者在生气，仔细听了一下才知道，侍者说的是："到这里来的都埋怨东西不好吃，骂我们动作太慢，抱怨这里太热，价格太高，我听他们骂已经十九年了。你是第一个，也是唯一对我们表示同情的人，我真想求上帝能多几个像你这样的客人。这样吧，以后您只要光临我们这里，我们一律给您半价的优惠。"

这个侍者之所以做出这样的举动，是因为费尔普教授把他们这些人员当作人看待，而不只是个不起眼的小角色。

"一般人所要的，只是别人把他们当人来看待。"看到费尔普教授的做法，你有什么心得呢？其实能为别人着想，对自己非但无损，反而能促进彼此的和谐关系，为什么这种一举数得的好事，我们却吝啬付出呢？多为别人着想，除了让别人得到应有的尊重外，自己也一定能获得加倍的快乐，何乐不为。

为对方着想，可以树立良好的个人形象；为对方着想，可以培养令人景仰的个人魅力；为对方着想，可以为人生赢得良机。

略施小惠能赢得对方好感

有些聪明的人很善于利用人们无功不受禄、无劳不受惠的为人原则。所以,经常给别人施些小恩小惠,这样一来,对方的心理得到了满足,就很容易相处,即使求他办事也是很容易的事。

尤其在商场中,略施小惠往往会影响到重大的生意。有一次产品推广会上,主办人对所有来的客户均赠送20块钱的纪念品。该公司的负责人认为:因为每个人都喜欢贪小便宜,可是他们又绝不愿平白无故地接受别人的东西,因此他们就会以尽义务的态度来参加销售会,甚至会敞开胸怀来倾听对方的解说,唯有如此,他们才会觉得受之无愧。

而一切结果也正如他所说的,"那些平白接受了小惠的人往往会假意告诉自己和那些推销员,他们是因为真正对商品感兴趣，才来参加这次推广销售会的。"只不过区区20块钱，使原来怀疑的大众变成了积极的听众。

因此，我们也可以把这种方法运用到结交陌生人上。在我们与陌生人的关系还不太熟的时候，先请客吃顿饭，或先送一些小礼物给对方，这样结交对方的成功率就会大大提高。

一些小恩小惠并不是刻意去奉承对方，例如请对方吃一顿饭，我们做这些的目的只是要使对方明白，我们非常愿意与对方结交。

小恩小惠的方法只用于增加感情上的交流，这种办法有时会获得良好的效果。不过要注意，必须经常改变方式，交替使用，方可制胜。

张志超是一家公司的图书销售员，有一天，他去书店查看一下图书的销售情况。在这个过程中，他注意到有一个年轻人拿着一本书看得津津有味。

于是，张志超走到年轻人面前，跟他攀谈起来。交谈了一会儿后，张志超就感觉到这个年轻人与众不同，他对文字方面的理解很有独特之处，而且对文字的运用能力也超出一般人。

张志超很想结交这个年轻人，当看到年轻人手里的书时，张志超有了主意。他把营业员叫来，说："这本书是我们公司出的,我想把它送给这个人,你看怎样办理手序?"营业员让张志超拿出证件,然后打了一个电话,说:"可以了,不用交费。"

年轻人很高兴,两个人又聊了一会儿。分手的时候,年轻人已经把张志超当成好朋友了。

大部分的人都有这种心理,无故受人恩惠时就感觉欠对方人情,所以,只要对方不提出过分的要求,通常都会很愿意帮助对方的。

略施小惠要做得自然得体,如果一下子给予对方很大的好处,对方一定会疑惧你可能要求更大的回报而回避。所以施小惠时,要顺其自然,使对方可以大方地接受。久而久之,略施小惠的影响力便可发挥出来。

略施小惠,不只限于金钱的施惠,许多种方法亦可适用。如热诚的服务,不就是略施小惠的方法之一吗?

运用"略施小惠"的策略时,在技巧上要特别注意一点:态度要自然,不要让人感觉到做作。否则,不但讨人厌,说不定还会得罪人。天下最愚蠢的事,就是让"资产"在无形中变成"负债"。如能做到"运用之妙,存乎一心"时,略施小惠,将会使人难以抗拒。

得到陌生人的肯定和认同

在陌生人敞开胸怀和我们说话后,如果你要想得到他们的支持,那么你应该接下来思考这样一个问题:怎么让他能够认同我?问题的答案很简单:恰到好处地适应陌生人的情感需求。你只有打通了陌生人的情感需求通道,才能让他彻底放下戒心,才会让他从心眼里认同你。

1.关心他最亲近的人

任何人总是关心着自己最亲近的人,如果一旦发现了别人也在关心着自己所关心的人,大都会产生一种无比亲近的感觉。交际就可以利用人们这种共同的心理倾向,从关心他最亲近的人切入,拉近交际的距离。

曾和日本前首相佐滕荣作实力相当的河野一郎,最会利用人们的这个微妙的心理。有一次河野一郎在欧美旅行时,在纽约遇到了多年不见已显生疏的朋友米仓近先生。两人在互道近况后，都留下了在国内的住址和电话，知道彼此都成了家。当晚，河野一郎回到旅馆第一件事，便是挂了个长途电话给米仓近太太："我是米仓近的老朋友，我叫河野一郎，我们在纽约碰面了，他一切都很好。"

米仓近太太没想到丈夫的这位朋友会对丈夫这么关心、体贴，感动得热泪盈眶。米仓近后来知道了，专程去向他表示感谢。

2.在他心中建起"同胞"意识

"同胞"意识也就是亲情意识。《三国演义》里，关羽、张飞何以对刘备如此忠贞不渝呢？主要原因就是刘皇叔在与关、张相识之初就和他们义结金兰，结拜为"同胞兄弟"了，"同胞"意识在关、张心目中牢牢地扎下了根。能在交际之初迅速建立起"同胞"意识，就可以使对方放松对自己的警戒之心，而把自己接受为"自己人"。

第八章

销售就是要不断搞定陌生人

销售，最直接的对象就是人。让客户接受自己，接受自己的理念，接受自己所推销的产品，销售即成功。所以，从根本上说，销售就是要不断搞定陌生人的活动。

要学会开发陌生人的市场

很多人做生意，总是愿意做熟人的。其实，有时候熟人的生意并不好做，做不好以后朋友也很难做了。

近年来，微商渐起，小薇也做起了微商，在朋友圈卖起了化妆品。有一次，她便把自己用过的还不错的产品推荐给朋友，因为每个人的肤质不一样嘛，朋友用了之后脸有一点儿红，有一点儿干，显然就是过敏了，然后就怪她朋友卖假产品给她，无论小薇怎么解释，她朋友还是不相信，两人弄得不欢而散。小薇想想，就觉得窝火，她说她再也不卖给熟人了，打死她也不卖。

还有一些人拿朋友进行道德绑架，如"你要是今天不买，那我们以后就别交往了。""看在你我交往多年的分子上，你就买一个，算是支持我。"像这样的，还不在少数，所以，做生意如果总在朋友熟人里面，那是很难将生意做大的。我们要学会开发陌生人的市场。

很多人不会也做不好陌生人的市场，这是为什么呢？

1.害羞、不主动

很多人一见陌生人，不敢主动上前打招呼。实际上陌生人又不会吃了你，干嘛不敢主动上前去打招呼说话呢。虽然说主动是有点累人，甚至有点困难。但是，天上哪有掉馅饼的事儿呢，你不主动，何谈生意？你要相信自己的能力，学会主动出击，找到方法，慢慢就打开陌生人的市场了。

2.不会跟陌生人交朋友

结识陌生人之后，得敢于跟陌生人交朋友，想办法把陌生人变成朋友。有人在展会上认识了很多陌生人，当时也收集了很多人的名片，但是之后从来也不联系，久而久之甚至名片和人都对不上号了。这样的人，怎么能做好生意呢。

3.急功近利

有些人恰恰便是跟第二种类型相反，这类人是太积极，目的性也太强。主动和陌生人联系，话没说两句就转到推销自己的产品上，让人感觉特别没有诚意，找人讨厌。

主动上前和陌生人说话

对于要不要和陌生人接触，我们大部分人恐怕从潜意识里面都会说不。但是在生活中，我们却面临着许多不得不和陌生人打交道的情形。你在举办一个产品的发布会的时候，你需要面对那些跟你几乎没有什么关系的记者；你在公开演讲的时候，你需要面对素昧平生的听众；当你一个人出差或者旅游到某地时，你需要面对陌生的当地居民；当你求职面试的时候，你需要面对着陌生的面试官……无论是工作、学习、还是生活，你都需要和陌生人交往。因此，我们不得不放下习惯的心理抵触情绪，开口和陌生人说话，交往。这样，我们才能从他们那里获取有益的资讯以及适当的指点，这无疑有助于我们的成功——甚至直接决定了我们的成功。

中国台北"身心灵成长协会"的创办人赖淑惠开房产中

介，是利用陌生人获取事业成功的经典案例。当时赖淑惠住在一个大厦里，同时兼营这个楼的房产中介。凡是对大厦有兴趣的买家，第一个总是先询问大门管理员："最近有没有住户要卖房子啊？价钱多少呢？"有趣的是，每次管理员的回答几乎是："你去问住在八楼的赖小姐，她很喜欢买卖房子，这样就不必再去找其他中介商了。"此外，该楼谁急等钱用要卖房子的消息也总是第一个传到她的耳朵里。也因此，赖淑惠在首都大厦一个物业上整整赚进1000多万元。

为什么管理员愿意帮赖淑惠的忙？说穿了是她将任何人都当成家人般关心。赖淑惠每天出入大门，必会向当日值班的管理员打招呼，出差返回也会顺道带些当地特产略表心意。这样自然就赢得了值班管理员这位看起来和赖淑惠的工作毫不相关的贵人的支持。

有很多人认为赢得陌生人的支持几乎是不可能的。上面的例子证明了这种看法是错误的。其实，只要方法得当，我们一样能够得到陌生人的支持。很多人却做不到这一点，是因为他们对别人缺乏兴趣，这是他们在待人接物方面既没有与生俱有的天赋，也不愿做后天的努力以资补救所致。

一见如故，这是成功交际的理想境界。无论是谁，如果具有跟大多数初交者一见如故的能耐，他就会朋友遍天下，做事就会左右逢源；反之，如果缺乏跟初交者打交道的勇气，不善于跟陌生人交谈，他就会在交际中处处受阻，事业也就难以成功。当今正处在改革开放时代，对大多数人来说，交际面越来越广，跟初交者一见如故的交际才能越来越显出其重要性。可以说，让陌生人跟你一见如故，是让陌生人支持你的最核心的思想。

怎样才能跟初交者一见如故？下文介绍的几种方法就能收到立竿见影的奇效。

用肢体语言撞开陌生人的心门

人类学家雷·博威斯特是最初非语言交际——他称之为"动作学"的倡导者。他在研究中发现，在一次面对面的交流中，语言所传递的信息量在总信息量中所占的份额还不到35%，剩下的超过65%的信息都是通过非语言交流方式完成的。

研究成果还指出，当谈判通过电话来进行的时候，那些善辩的人往往会成为最终的赢家，可是如果谈判是以面对面交流的形式来开展的话，那么，情况就大为不同了。

这是为什么呢？因为，总体而言，当我们在作决定的时候，在所见到的情形与所听到的话语中，我们会更加倾向于依赖所见到的情形。

之所以要告诉大家这个研究结论，就是要提醒大家，在我们与陌生人沟通时，语言的内容固然重要，但也不要忘了要根据对方的言行相应地做出肢体上的回应。

小李结婚10年了，在结婚纪念日将要到来的时候，他打算为妻子准备一份特别的结婚周年纪念礼物。他把目标锁定在两个选择上：一个是最新款的掌上电脑，另一个是可以挂在餐厅中的一幅画。

小李到了商场以后，首先来到了电脑区，当时商场刚营业不久，所以人并不多。

小李向柜台走过去，一名身穿黑色西装的促销员正在点头微笑。一切进行得还不错。这名促销员开始讲解各款掌上电脑的差异。在做讲解的时候，这个促销员抬起右脚，放在了身边的一个小凳子上。然后，他的身体向右腿膝部前倾。

尽管促销员讲解得很详细，但是，小李还是迫不及待地离开了那里。并不是他对店员的讲解不感兴趣，只是对方这种抬腿的不雅姿势与自己的举止完全不合拍，这让他感到很不舒服。

商场的另一端是个画廊，小李在一幅引起他注意的画前停下来，画上的人一副深思的样子：重心落在一条腿上，胳膊弯曲，但一只手扶着脸，一只手指停在了嘴唇边。过了大概一分钟，他发觉有人静静地站在自己身边，和自己一样欣赏着那幅画，然后他听到一个轻柔的声音简单地说："是不是很不错？""嗯，不错。"小李若有所思地回答道。

"如果需要帮助，请告诉我。"他身边那位女士说。然后，她抽身退到了画廊的另一端。不到5分钟，小李就买下了那幅画。

这让我们很奇怪，电脑促销员介绍得很详细，小李没有购买；而这位女士只是简单地说了一句话，为什么小李就决定买下那幅画？答案是，小李静静地欣赏画作，那位女士也静静地站在他身边，使用的是和他一样的身体语言，形成了相同的姿态。她用完美而毫不费力的同步技巧，天衣无缝地与小李进行着交往：55%的身体语言，38%的语调，7%的言语。

在观察中，我们发现，在与陌生人沟通时，当他们逐渐了解了对方的情况后，感觉会很自在，在那之后，他们的身体姿态就会发生一系列变化，从充满戒备意味的双臂和双腿互相交叉的姿势，逐渐转向开放自然的姿势。在任何环境里，这样的转变过程都遵循着完全相同的程式。

这个转变过程是从封闭的身体姿态开始的，也就是双臂和双腿都呈交叉的状态。

当两个人之间的交谈变得比较愉快，相互间建立起了和谐友善的关系时，最先发生变化的就是腿部动作。他们不再保持两腿交叉的姿势，而是两脚并拢，形成立正的站姿。

接着，交叉的双臂中处于上方的那只手臂会伸出来，而且在说话的时候手掌还会做出一些手势。尽管这只伸出的手臂还没有完全放开，但已经不再是阻挡对方的屏障，此时它不过作为另一只手的支撑，使整个上半身呈现单臂遮挡于胸前的姿势。渐渐地，双臂都放松下来，一只手做着手势，或是置于臀部，也可能是插在裤子口袋里。最后，彼此熟知的两个人都采取稍息的站姿，双臂自然舒展，显示出乐于接受对方的态度。

了解了肢体语言在沟通中的作用后，我们就知道，在与陌生人交谈时，为了更加拉近彼此之间的距离我们应该怎样做了。

首先是头部。在对方讲话时，我们要适时地点头。大部分人从来没有意识到点头这一动作的威力，事实上，恰当的点头动作会成为相当具有说服力的工具。研究显示，如果聆听者每隔一段时间就向说话人做出点头的动作——每次做这个动作时点头次数以3次为宜——就会激发说话人的表达欲望，能够让他比平时健谈三四倍。

点头的动作还具有相当的感染力。如果有人对你点头,你通常也会向他回报以点头的动作——即使你并不一定同意这个人所说的话。因此,在建立友善关系、赢得肯定意见与协作态度等方面,点头的动作无疑是绝佳的手段。

在点头的同时,我们的脸上应该面带微笑,眼睛直视对方。

其次是身体。当我们与对方说话或聆听的时候,上身向前倾,会显得更有诚意,也更容易拉近你与对方的距离,赢得对方的好感。坐着的时候,就算椅子是软的,我们靠着椅背,甚至身体滑下去一点,绝对不如坐挺、上身稍向前倾来得好。当我们改变坐姿,很可能就自然地博得对方的好感,他会觉得我们认真而且积极。我们甚至可以把椅子移动一下,使椅子对着留下。哪怕就算你调整椅子只是做做样子,椅子根本没动,但当你这样做时,也会给人留下很有诚意的好感。

人们的肢体语言远不如口头或文字语言那样具体明了,而且每一个人的眼神、手势和语气都各不相同,即使同一个人同一种眼神或手势在不同的时间和地点表达不同的意思,所以,对肢体语言不能只凭自己的主观判断,应该反复观察,细心体会,以免出现误会反而增加沟通的困难。

找准共同点，和陌生人聊不停

和陌生人初次见面，良好的谈话是打破陌生感的不二法门。那么，怎么才能打开和陌生人谈话的局面呢？心理学表明，如果能够找到和陌生人的共同点，就可以打破初次见面互相不熟悉且心存戒备的窘境。

1.察颜观色，寻找共同点

一个人的心理状态、精神追求、生活爱好等等，都或多或少地会在他们的表情、服饰、谈吐、举止等方面有所表现，只要你善于观察，就会发现你们的共同点。一位退伍军人乘车同一陌生人相遇，位置正好在驾驶员后面。汽车上路后不久就抛锚了，驾驶员车上车下忙了一通还没有修好。陌生人建议驾驶员把油路再查一遍，驾驶员将信将疑地去查了一遍果然找到了原因。这位退伍军人感到他的这绝活可能是从部队学来的，于是试探道："你在部队待过吧？""嗯，呆了六七年。""噢，算来咱俩还应算是战友呢。你当兵时部队在哪里？"……于是这一对陌生人就谈了起来，据说后来他们还成了朋友。而这就是在观察对方以后，发现了两人都当过兵这个共同点的。当然，察颜观色发现的东西，还要同自己的情趣爱好相结合，自己对此也有兴趣，打破沉寂的气氛才有可能。否则，即使发现了共同点，也还会无话可讲，或讲一两句就"卡壳"。

2. 以话试探，侦察共同点

陌生人为了打破沉默的局面，开口讲话是首要的，有人以招呼开场，询问对方籍贯、身份，从中获取信息；有人通过听说话口音、言辞，侦察对方情况；有的以动作开场，边帮对方做某些急需帮助的事，边以话试探；有的甚至借火吸烟，也可以发现对方特点，打开口语交际的局面。两个老年人从某县城上车，坐在一条长椅上。其中一人问对方："在什么地方下车？""到南京，你呢？""我也是，你到南京什么地方？""我到南京山西路一亲戚家有事，你就是此地人吧？""不是的，我是到南京来走亲戚的。"经过双方的"火力侦察"，双方对县城熟悉，对南京了解，都是走亲戚的共同点就清楚了。两个人发现对方共同点后谈得很投机，下车后还互邀对方做客。这种融洽的效果看上去是偶然的，实际上也是有其必然原因的："火力侦察"，发现共同点，向深处掘进。

3.听人介绍，猜度共同点

你去朋友家串门，遇到有生人在座，作为对于二者都很熟悉的主人，会马上出面为双方介绍，说明双方与主人的关系，各自的身份，工作单位，甚至个性特点，爱好等等，细心人从介绍中马上就可发现对方与自己有什么共同之处。一位是县物价局的局长和一位"县中"的教师，在一个朋友家见面了，主人把这对陌生人作了介绍，他们马上发现都是主人的同学这个共同点，马上就围绕"同学"这个突破口进行交谈，相互认识和了解，以致变得亲热起来。这当中重要的是在听介绍时要仔细地分析认识对方，发现共同点后再在交谈中延伸，不断地发现新的共同关心的话题。

4.揣摩谈话，探索共同点

为了发现陌生人同自己的共同点，可以在需要交际的人同别人谈话时留心分析、揣摩，也可以在对方和自己交谈时揣摩对方的话语，从中发现共同点。在广州的某百货商店里，一位在南海舰队的人对服务员说："请你把那个东西拿给我看看。"还把"我"说成字典里查不到的地道的苏北土语。另一位也是苏北的人在广州某陆军部队服役。听了前者这句话,也用手指着货架上的某一商品对营业员说了一句相同的话,两句字里行间都渗透苏北乡土气息的话,使两位陌生人相视一笑,买了各自要买的东西,出了店门就谈了起来,从老家问到部队,从眼下任务谈到几年来走过的路,介绍着将来的打算。身在异乡一对老乡的亲热劲儿,不知情的人怎么也不会相信是因为揣摩对方一句家乡话而造成的结果。可见细心揣摩对方的谈话确实是可以通过找出双方的共同点,使陌生的路人变为熟人,发展成为朋友的。

5.步步深入,挖掘共同点

发现共同点是不太难的,但这只能是谈话的最初阶段所需要的。随着交谈内容的深入,共同点会越来越多。为了使交谈更有益于对方,必须一步步地挖掘深层的共同点,才能如愿以偿。一个度假的大学生和一位在法院工作的同志,在一个共同的朋友家聚餐,经主人介绍认识后,两人谈了起来,慢慢地两人都发现彼此对社会上的不正之风的看法有共同点,不知不觉地展开了讨论,他们从令人不满的社会现象,谈到产生的土壤和根源,从民主与法制的作用,谈到对党和国家的期望。越谈越深入，越谈双方距离越缩短，越谈双方的共同点越多。事后双方都认为这次交谈对大学生认识社会，对法院同志了解外面的信息和群众要求，增强为纠正不正之风尽力的自觉性都是有益处的。

寻找共同点的方法还很多，譬如面临的共同的生活环境，共同的工作任务，共同的前进方向，共同的生活习惯等等，只要仔细发现，陌生人无话可讲的局面是不难被打破的。

让陌生人在你面前敞开心扉

有一种人,在容貌、才能、说话方面并没有什么卓越之处,可是在与人交往方面却堪称能手,能够迅速地和一些陌生人成为朋友。"若论长相,我还比他英俊几分呢,可是,为什么他的交际能力胜我一筹?"你是不是偶尔在脑海中闪现过这个疑问?

其实,他之所以受欢迎,关键不在容貌、才能,而是在于他是个与朋友在一起而能够衷心感到快乐的人。任何人都希望自己被爱、被认定价值。再小的愿望,只要获得满足,一个人的心就会平静、祥和。你如果想得到这些愿望,首先要学会"爱朋友"。就像爱自己一样去爱朋友,为朋友"奉献",爱朋友的人,最终会得到朋友的爱。善于让朋友倾情相诉的人,最容易获得朋友的衷心爱戴。随便打断他人谈话最不礼貌。我们把打断他人讲话的行为，叫做"插嘴"。这个"插嘴"起着很坏的干扰作用。"插嘴"作为交流混乱状态的副产品，是一种自发性的毛病。人们的讲话，大致上是按照自己的思维顺序先后表达出来的，各种各样的想法，心里怎么想的，嘴巴就怎么说。

可是，这个事实对于作为听者的你来说，却是大问题。因为你必须按照对方的思路，收集对方思考的片段，把它们理顺，看看对方要表达什么意思。有时，要耐心地听，才能得到几句有意义的话，有时，还要核实对方的话。这就像用拼图玩具制作巨型图画那样，不耐心不认真是难以完成的。不懂这个道理的人，总是胡乱打乱他人的讲话。在他人讲话时插嘴，打断人家的讲话，突然发问，抢他人的话头，不让对方往下说，硬要他人沿着自己的思路说话。这样"插嘴"分散了讲话者的注意力，混乱了讲话者的思路，扰乱了有条有理的讲话内容，因而使人讨厌。

如果你不同意他的话，你也许很想打断他。但不要那样做，那样做很危险。当他有许多话急着要说的时候，他不会理你的。因此，你要耐心地听着，抱着一种开阔的心胸，诚恳地鼓励他充分地说出自己的看法。事情常常是这样：即使是朋友,也宁愿对我们谈论他们的成就,而不太喜欢听我们显摆自己的成就。

法国哲学家罗西法古说:"如果你要得到仇人,就表现出比对方优越吧!但如果你要得到朋友,就让你的对方表现出比你优越。"弗拉达尔电气公司的约瑟夫·韦伯,也有相同的发现。那时他在宾夕法尼亚州的一个富饶的荷兰移民地区作一次视察。"为什么这些人不使用电器呢?"经过一家管理良好的农庄时,他问该区的代表。"他们一毛不拔,你无法卖给他们任何东西,"那位代表厌恶地回答,"此外,他们对公司火气很大。我试过了,一点希望也没有。"

也许真是一点希望也没有,但韦伯决定无论如何也要尝试一下,因此他敲开一家农舍的门。门打开了一条小缝,屈根堡太太探出头来。"一看到公司的代表,"韦伯先生开始叙述事情的经过,"她立即就当着我们的面,把门砰地一声关起来。我又敲门,她又打开来;而这次,她把反对公司和对我们不满的话一股脑儿地说出来。'屈根堡太太,'我说,'很抱歉打扰了您,但我们来不是向您推销电器的,我只是要买一些鸡蛋罢了。'她把门又开大一点,怀疑地瞧着我们。

"'我注意到您那些可爱的多明尼克鸡,我想买一打鲜蛋。'门又开大了一点，'你怎么知道我的鸡是多明尼克种？'她好奇地问。'我自己也养鸡，而我必须承认，我从没有见过这么棒的多明尼克鸡。''那你为什么不吃自己的鸡蛋呢？她仍然有点怀疑。''因为我的来亨鸡下的是白壳蛋。当然，你知道，做蛋糕的时候，白壳蛋是比不上红壳蛋的，而我的妻子以她的蛋糕为自豪。'

"到这时候，屈根堡太太放心地走出来，温和多了。同时，我的眼睛四处打量，发现这家农舍有一间修得很好看的牛棚。'事实上，屈根堡太太，我敢打赌，你养鸡所赚的钱，比你丈夫养乳牛所赚的钱要多。'这下，她可高兴了！她兴奋地告诉我，她真的是比她的丈夫赚钱多。但她无法使那位顽固的丈夫承认这一点。'她邀请我们参观她的鸡棚。参观时，我注意到她装了一些各式各样的小机械，并向她请教了几件事。片刻间，我们就高兴地在交流一些经验了。'

"不一会儿，她告诉我，附近一些邻居在鸡棚里装设了电器，据说效果极好，她征求我的意见，想知道是否真的值得那么干……两个星期之后，屈根堡太太的那些多明尼克鸡就在电灯的照耀下，满足地叫唤了。我推销了电气设备，她得到了更多的鸡蛋，皆大欢喜。"通过这次交往，他们也成为了朋友。

在纽约《先锋论坛报》经济版上出现了一幅巨大的广告，征聘一个具有异常能力和经验的人。查尔斯·古比里寄去了应征的信。几天以后回音来了：请他去面谈。在去面谈以前，他花了许多时间在华尔街尽可能地打听有关那个公司老板的一切情况。在面谈时，他说："如果能替一家你们这样的公司做事，我将感到十分骄傲。我知道你们在28年前刚成立的时候，除了一个小办公室、一位速记员以外，什么也没有，对不对？"几乎每一个功成名就的人，都喜欢回忆自己多年前奋斗的情形，这位老板也不例外，他花了好长时间，谈论自己如何以450元钱和一个新颖的念头开始创业。

他讲述自己如何在别人泼冷水和冷嘲热讽的情形下奋斗，连假日都不休息，一天工作16个小时。他克服了无数的不利条件，而目前华尔街生意做得最好的那几个人都向他索取资料和请教。他为自己的过去而自豪。他有权自豪，因此，在讲述过去时十分得意。最后，他只简短地询问了一下古比里的经历，就请一位副董事长进来，说："我想这就是我们所要找的人。"古比里先生花了工夫去了解他未来老板的成就，表示出对对方和他的问题感兴趣，并鼓励对方多说话，因此而成为成功者所欣赏的朋友，并给别人留下了一个很好的印象。

迄今为止，你的倾听能力怎么样呢？有过打断他人讲话的情形吗？当然，为了理解对方所表述的内容，有时提出疑问是必要的。只是，一般说来，只要时间充分，在讲话者叙述过程中，你的疑问会得到解释。即使有一些疑问，也应在对方讲话停顿时提出来。如果在对方讲话告一段落时，提出疑问效果更好。

让对方自己表达自己的思想，在对方讲话结束时提出问题，就是向对方传达你在倾听他的讲话这一事实。德国人有句谚语："Dir reimse Freude ist die Schadom-freude。"翻译出来大意是："极大的快乐，是从强者的弱点中得到满足。"是的，你的一些朋友，也许正具有这种心理。因此，我们对自己的成就要轻描淡写，要谦虚，这样做，永远会受到欢迎。

为他人助上一臂之力

热情相助最能博得人的好感。日常生活中，那些具有古道热肠、为人厚道、不吝啬、好助人的人总能在邻里之间、同事之间获得好名声。因为人们一般都乐意与这些热心肠的人相识相交。比如你帮正在上楼的邻居抬一把煤气，你就可以成为他家中的常客；替一个刚刚上车的旅客摆放好行李，你的旅途就多一个伙伴；为忙碌的同事沏一杯茶，你就会得到善意的回报。

人们一般都认为，双方的矛盾爆发之后的一段时间，是交际的冰点。但如果此时一方能主动作出一个与对方预期截然相反的善意举动，就会使对方在惊愕、感叹、佩服、敬意之中认同你，从而化敌为友。交际的冰点就成了成功交际的切入点。

美国开国总统华盛顿还是一位上校的时候，率领着部队驻守在亚历山大历亚。在选举弗尼亚议会的议员时，有一个名叫威廉·佩恩的人反对华盛顿所支持的候选人。同时，在关于选举问题的某一点上，华盛顿与佩恩形成了对抗。华盛顿出言不逊，冒犯了佩恩；佩恩一怒之下，将华盛顿一拳打倒在地。华盛顿的部下闻讯，群情激愤，部队马上开了过来，准备教训一下佩恩。华盛顿当场加以阻止，并劝说他们返回营地，就这样一场干戈暂时避免了。

第二天一早，华盛顿派人送给佩恩一张便条。要求他尽快赶到当地的一家小酒店来。佩恩怀着凶多吉少的心情如约到来，他猜想华盛顿一定要和他进行一场决斗，然而出乎意料，华盛顿在那里摆开了丰盛的宴席。华盛顿见佩恩到来，立即站起来迎接他，并笑着伸过手来，说道："佩恩先生，犯错误乃人之常情，纠正错误是件光荣的事。我相信昨天是我不对，你已经在某种程度上得到了满足。如果你认为到此可以解决的话，那么握住我的手，让我们交个朋友吧。"华盛顿热情洋溢的话语感动了佩恩。

从此以后，佩恩成为一个热烈拥护华盛顿的人。

以情暖人，真诚打动对方

人与人之间的交往也是需要投入感情的，除了与陌生人之间生意产品上的沟通，还要能够在人情世故上多一分关心，多一分相助。即使遇到不顺当的情况，也能够相互体谅，"生意不成人情在"。

这种情况往往有多种表现。一种是自然形成的，在生意交往的过程中遇到比较投缘的客户朋友，有了成功的合作，感情自然融洽起来，这就是我们常说的有缘分的人。有缘自然有情，关系好的时候，互相付出自然不在话下。问题在于如何保持和持续这种私人关系，继续爱护它、增进它，使其长久。

其实，就算有缘，彼此能够一拍即合，要保持长期的相互信任、互相关照的关系也不那么容易，仍然需要不断进行感情投资，尤其在商场上。各自都为自己的利益，很容易彼此起疑心。即使有缘也会由合作变成对立，人情变成了敌意。为什么会走到这一步？往往是因为忽略了"感情投资"，甚至已经忘掉了这一点。

很多人都有这种毛病，一旦关系好了，就不觉得自己有责任去保护它了，往往会忽略双方关系中的一些细节问题。例如该通报的信息不通报，该解释的情况不解释，总认为"反正我们关系好，解释不解释无所谓"，结果日积月累，形成难以化解的问题。而更不好的是人们关系好了之后，总是对另一方要求越来越高，总觉得别人对自己好是应该的，稍有怠慢或者照顾不到，就有怨言。由此很容易形成恶性循环，最后损害双方的关系。

可见，感情投入应该是经常性的。在你需求客户朋友支持的过程中不可没有，也不可似有似无，而应该从小处细处着眼，时时落在实处。

在办公室以外的地方，是你和你的客户交朋友的好地方，因为环境相对比较放松，谈话也常常涉及个人的情感世界与兴趣。因为共同的兴趣，你们之间的关系也会变得密切起来，建立起亲密的友情。在很多情形之下，这种亲密的人际关系确实能够为后续的合作铺平道路，顺利地转化为生意关系。

满足对方的心理需求

人们在交际中既有明显的个性心理,也有普遍的共性心理。如果能针对人们的共性心理切入交际活动,就可以获得满意的交际效果。

人们的共性心理有:称许心理、成就心理、自炫心理、自信心理、年轻心理、共趣心理、尊敬心理、好胜心理等等。把满足对方的心理需要作为交际的切入点,是交际活动取得成功的捷径。

1.赞扬法,满足人的称许心理

人们都有一种显示自我价值的需要。真诚的赞扬不仅能激发人们积极的心理情绪,得到心理上的满足,还能使被赞扬者产生一种交往的冲动。某厂的小王是一位书法爱好者,他一直想结识退休的赵副厂长,想和他一起切磋毛笔书法艺术,可惜一直没有良机。

一次，工会举办老干部书画展，小王前去参观，正碰上赵副厂长也在展览现场。小王默默地走在赵副厂长的身边，待走到赵副厂长的参展作品时，小王似在自言自语地说："赵副厂长的这幅作品好，无论是布局还是字的结构、笔法都显得活而不乱，留白也地道。""就是书写的变化凝滞了些，放得不够开。"旁边的赵副厂长接口说道。这样，他们你一言我一语自然而然地进入了对下幅作品的品评。小王与赵副厂长的相交取得了初步的成功。

2. 激励法，满足人的成就心理

人们都希望尽量做好自己喜爱的工作并取得令人称道的成就，这种成就心理如果能得到别人的激励，就必定能引起他的感激心理和报偿心理。

3. 求教法，满足人的自炫心理

人们对于自己具备的技能都有一种引以为荣的心理，如果想同这些人结识相交，那采取求教法是最有效的切入。比如前例中爱好书法的小王，就是这样同赵副厂长结交的。小王拿着自己的书法习作来到赵副厂长家里："赵老，上次听您谈论书法作品，我感到受益匪浅，我自己写了几幅习作，想请您给指教指教。""噢,我来看看。"他们就围绕着书法问题谈论开了。小王从此与赵副厂长结成了忘年交。

4.欣赏法,满足人的自信心理

一个人往往对自己所崇拜的对象或采取的做法坚信不移,有时宁愿相信自己一向认定的事实,也不愿意接受来自他人的纠正。他所喜欢的东西如果能够得到你的欣赏,你便能得到他的认可。

有对新婚夫妇订做了一套家具。一天,一位熟人来访,一眼就看到了新家具,用欣赏的目光打量起家具和居室的布置,并一再表示家具的色泽、式样和居室的搭配十分和谐。主人的心情格外开朗,谈话的气氛也十分的融洽。

5.降岁法,满足人的年轻心理

人们都希望在别人面前表现得更年轻,更具有青春的活力。如果交际从满足人的年轻心理切入,很快便能营造出温馨和谐的交际氛围,为成功交际开启一扇方便之门。人们熟知的周总理用"公岁"(仿公斤、公里)来介绍外宾夫人的年龄就是具有代表性的一例。

6.投合法,满足人的共趣心理

生活中我们常常听到这样的话:谁与谁说不到一块去,一见面就顶牛；谁与谁很投缘，恨不得能穿一条裤子。说不到一块去就是没有共同的兴趣和爱好，很投缘就是情趣相投。人们一般都喜欢和那些与自己有"共同语言"的人交往，而情趣相左的人交往则往往不大容易成功。那么，如果你希望交际成功，就可以从寻找共同情趣切入。

7.问候法，满足人的尊敬心理

社会交往中，获得尊重既是一个人名誉地位的显示，也表明了他的德操、品行、学识、才华得到了认可。无论是年长者还是年轻者、位尊者与位卑者都期望别人尊重自己。因此，那些懂得尊重别人的人，人们对他产生好感就是情理之中的事了。而主动问候就是最便捷、最简单地表达一个人的敬意的交际行为。从问候切入交际活动，十有八九会有一个圆满的结果。

8.退让法，满足人的好胜心理

请看一个例子：一个客户欠了迪特毛料公司150美元。一天，这位顾客愤怒地冲进迪特先生办公室，说他不但不付这笔钱，而且一辈子也不再买迪特公司的东西。待那人说了将近20分钟，迪特才接着说："我要谢谢你告诉我这件事，你帮了我一个忙。既然你不能再向我们买毛料，我就向你推荐一些其他的毛料公司，我们会把你的欠账一笔勾销的。"最后，这个顾客又签下了一笔比以往都大的订单。他的儿子出世后，他给起名叫迪特，后来他一直是迪特公司的朋友和顾客。迪特的成功，就在于他明智地做出退让，很好地满足了对方的好胜心理。

陌生人和你有共同利益

在交友做生意的过程中,如果让对方知道你和他有着共同的利益,双方结成利益同盟,争取共同的利益,那事情就好办多了。

交友办事,如果让对方觉得他与你有相同的利益,对方办事就会更主动,就会收到更好的效果。

这就好比战场上同一个战壕的战友一样,战友之间有着相同的利益,共生死同存亡,每一个人都要勇敢地去战斗,才能取得共同的胜利。

做生意也是如此,合作双方在沟通与合作上,只要让对方感觉到你与他有相同的利益关系,往往可以迅速地拉近彼此间的距离,使对方努力去做。这一技巧如果应用得好,往往会获得意想不到的好效果。

1. 找到你和陌生人之间利益的共同点

有一家工厂效益不是太好,工人们的工资很低,当工人们要求增加工资时,老板就对他们说:"各位,你们希望公司倒闭吗?"当然没人希望自己的工厂倒闭,如果倒闭了,就会失业,连眼前的低工资都拿不到了。

老板继续说:"如果工厂倒闭了,大家一分钱工资也拿不到了,我也不希望工厂倒闭。我与你们有着共同的利益。工厂倒闭对你我都没有好处。如今我们只有团结一致,共同渡过难关,工厂办好了,大家才会有饭吃。"

工人们听了老板的话,感觉到老板与自己有着共同的利益关系,觉得工厂办好了,老板发财了,自己工资收入就会提高。结果这些工人齐心协力,个个努力工作,果真把工厂搞得有声有色,老板和工人们都实现了自己的愿望。

和陌生人交往也是如此,只要让对方感觉到你们的利益是一致的,对方就会主动去帮助你,为你提供支持。

2. 让对方看到好处

再倔强的人只要有利可图,也会看到好处上钩的。要想达到自己的目的,就必须刺激对方的欲望,让对方知道,只要能办成事,他就能够得到回报,得到好处,并不是给些甜头,让人相信你所说的并非空话。

和陌生人谈生意，谈合作，如果对方看不到好处，对方自然不会去干，你说一百句动听的话，还不如让对方得到一点实实在在的好处。

有一位写小说多年的作者，可小说总是难以发表。他通过途径认识一个刊物的编辑，两年的时间给这个编辑送了10多篇小说稿，可每一次这位编辑看了就说，稿子还没有写到位。一会儿推辞小说的题材太陈旧了，一会儿说稿子已经排满了；不是这儿有问题，就是那儿有问题，总而言之，就是发不了。

一个星期天，这个作者又到那位编辑家里送稿，正巧碰上这个编辑的电脑显示屏坏了要拿去找人修理。这个作者也算个文人，平日脸皮薄，羞于给编辑送些礼物或好处什么的。这次他就逮着这个机会，于是对编辑说，我家里还多余一个显示屏，我拿来你先用吧。于是编辑没有推托。这个作者赶紧回家去，把自己电脑用的显示屏拆下来送给了这位编辑。事实上，这位作者并没有多余的显示屏，他不过是把自己买了还不到一年的显示屏拿过来送人而已。

果然，这位编辑拿到他送的显示屏，立即热情起来，当即认真地把他送来的小说稿看了一篇，马上肯定了这篇小说稿，并说没想到你的小说写得越来越入神了,决定把小说发表在当期的刊物上。

要想得到陌生人的支持和帮助,道理也同样如此。好处是合作的天平。让双方知道合作后会得到好处,得到回报,让对方觉得与你合作值得,这样,你才能轻松地达成自己的目的。

后记

写到这里,书也接近尾声了。讲了这么多,但每一章都是我们与陌生人交往的技巧,每一章都很重要,各个章节彼此联系,存有逻辑关系,愿能给读者带来启发。

记得很小的时候,父母就经常告诫我们"知人知面不知心",有些人因交友不慎而一生的幸福毁于一旦。

的确,人有百态,能够交到真正的朋友是我们的幸运,而一旦交上错误的朋友,不光我们自己会受累,严重的可能会伤害到我们的亲友。

因此,我们在与陌生人相处时不要被他的容貌、谈吐、外表、装扮、排场、气质、风度、外交、应酬等等所迷惑,因为那些都是假象,是暂时的,是可以伪装的,是虚伪的,是表演的,是有企图的,是有毒的,是用来收买人心的,不是出于真诚的。

在义乌老火车站附近一家药店上班的浦江人李女士就差点被一个这样的人迷惑了。

李女士在药店上班的时间也不短了,还没出过什么差错。有一天,一个40来岁的中年男子走进李女士上班的药店,他先询问了一下几种药品的价格,跟李女士聊了一会儿,当他得知李女士是浦江人时,马上说:"我也是浦江人啊,我们是老乡啊。"

李女士起初不信,但是,那个人随后用浦江话跟李女士说话,问她是浦江哪的人,又说他还认识李女士所在村的某某。那个人李女士正巧认识,就很相信他了。

随后,李女士热情地与这名"老乡"攀谈起来。

但是,接下来李女士就感觉不对劲,那个人很能说,嘴一直不闲着,大谈特谈他的成功史。可是从对方的穿着和说话时的用词、态度等方面来看,他根本就不像一个成功人士。

在随后的交谈中,李女士留了一个心眼儿,不管对方怎样说话,也不透露自己的事情。对方几次问李女士的家庭和工作情况,李女士都搪塞过去了。

那个人见李女士对自己有了戒心,也不再说下去了,过了一会儿就悻悻地走了。

当李女士回去和丈夫说起这事后,她的丈夫马上说,那种人是典型的吹牛大王,真本事没有,结交他们是很危险的事情。

李女士是个很聪明的人,从对方的衣着、谈话中识别出他是一个不可靠的人,因此没有与对方结交。所以,我们要记住:画龙画凤要画骨,知人知面要知心。

在这个世界上,大多数的人都是善良的,都是可以信赖和托付的,都是值得交往的,都是可以坦诚相见的,都是可以肝胆相照的。

真诚希望世界没有陌生人!